# 培根论人生

## Essays of Francis Bacon

[新版]

[英] 培根 Francis Bacon 著
刘勃 译

華夏出版社
HUAXIA PUBLISHING HOUSE

**图书在版编目（CIP）数据**

培根论人生 / (英) 培根 (Bacon) 著 ; 刘勃译 . -- 北京 : 华夏出版社, 2021.1

ISBN 978-7-5080-9246-1

Ⅰ . ①培… Ⅱ . ①培… ②刘… Ⅲ . ①培根 (Bacon, Francis 1561-1626) －人生哲学－哲学思想 Ⅳ . ① B561.21

中国版本图书馆 CIP 数据核字 (2017) 第 174110 号

**培根论人生**

---

**著　　者** [ 英 ] 培根
**译　　者** 刘　勃
**责任编辑** 陈小兰　李增慧
**责任印制** 周　然

**出版发行** 华夏出版社有限公司
**经　　销** 新华书店
**印　　装** 三河市万龙印装有限公司
**版　　次** 2021 年 1 月北京第 1 版
2021 年 1 月北京第 1 版
**开　　本** 880×1230　1/32
**印　　张** 7.5
**字　　数** 180 千字
**定　　价** 49.00 元

---

**华夏出版社有限公司** 地址：北京市东直门外香河园北里 4 号　邮编：100028
网址：www.hxph.com.cn　电话：（010）64663331（转）

# 译者序

如果可以选择，我愿是一片绿叶，一朵鲜花，一阵微风，一缕白云……做人，敏感、深情的人，是痛苦的。总是在思考，时时处处的，是个思想者。思和想岂止痛苦，还是一种折磨，会陷入绝望，想到死亡……真是别有一番滋味在心头！尽管如此，还是要做思想着的、痛苦的人，而不是不思想的、在泥塘里打滚的、快乐的猪。猪的眼里能有什么呢？会有别的下场吗？而人，尽管痛苦，却有可能在险峰之上看尽无限风光！

是的，人生之苦如影随形，难以逃避，但还是可以找到些缓解痛苦的方法的。如果你的人生之路有良师益友相伴，那要恭喜你了，因为你的人生会变得不那么悲苦。他们或她们是洁净的空气，明媚的阳光，清甜的泉水；他们或她们能温暖你，照亮你，滋润你。即使没有这种幸运，也不要太失望，你还有罗素、叔本华和西塞罗等哲人的书，还有这本《培根论人生》。

一生中会遇到什么大事？一般来说，无外乎财富、名誉、地位、事业、婚姻、家庭、爱情、友谊；生活里又会遇到什么小事？大致来讲，也就是读书、旅行、养生、花钱、谈话、个人习惯。宏观上，人生是建立在历史、政治、经济、宗教、法律、社会这些背景之上的；本质上，真理与死亡是人类永远在思考的终极问题。所有这些，在这本书里，培根都说到了，而且还是借用自己戏剧性的人生经历告诫的。他告诉大家该如何看人、如何做官、如何为人处事、如何克服逆境等等。总而言之，他在告诉世人该如何生活。

· 人性中的愚蠢要多过智慧

· 怜悯永远能医治嫉妒

· 世间的友谊很少

· 巨额财富卖出的人的确比它买来的人多

· 没有比误以为狡猾之人就是智者更能危害一个国家的事了

· 纯粹的、令人痛苦的孤独是没有真正的朋友的那种

孤独

· 从私生活里最能看出一个人的天性

· 无论是谁，如果没了耐心，也就不再拥有灵魂

· 如果一个人目光锐利且能留心观察，是一定会看见“幸运”的，因为虽然她是盲目的，但却不是无形的

· 公开地把自己的美德过分归功于自己的聪明和计策的人，其结局都是不幸的

· 一个人，喝尘世这杯酒越多，就会越醉

· 狡猾之人蔑视学问；无知之人倾慕学问；明智之人利用学问

· 有些人以为说话时用大词儿，语气专横，滔滔不绝，硬是认可自己不能证实的事，就可以成为智者。有些人对任何他们无法理解的事都会摆出一副看不起的样子，或者以不着边际或稀奇古怪为由来鄙视，这么一来，他们的无知就可以貌似有见识了

· 普通人会称赞最低等的才德，惊叹或艳羡中等才德，对最高等的才德则一点儿感觉也没有。对普通人来说，最有用的是表面上貌似的才德

想想我们自己，再想想接触过的人和事，难道不是这样吗？经典之所以是经典，就在于它能穿越时空，常看常新。

带上这本书，迎着命运向前奔跑吧，既然人生没有如果，既然注定要在世间走一遭。让它给你指路，或许你将不再痛苦，或许你真能看尽无限风光。不试试怎么能知道呢？祝你好运！

由于个人原因，这本书的译介拖了很长时间，在此要感谢华夏出版社的陈小兰主任，谢谢她对我的“一忍再忍”。此外，衷心谢谢她，我的良师益友，十几年来对我的担待和指点，让我不至于在自己的人生路上孤独前行。所译不当之处，还请读者朋友们批评指正。

刘 勃

英国阿斯顿商学院博士

2017 年 7 月于北京

# 目 录

# 一
# 论真理

“什么是真理？”，彼拉多[①]曾开玩笑似地问过这个问题，也没打算得到答案。的确，有些人就喜欢反复无常，他们认为坚守某种信仰就是对自己的束缚，会让自己不能自由地思想和行动。尽管这类哲学家已经不在了，但和他们一脉相承的高谈阔论者还在，不过气血没有他们先辈的足了。

人们之所以喜欢谎言，不是因为探求真理的过程既苦又累，也不是因为一旦找到了真理，思想就会受到真理的束缚，而是因为人们天生就无可救药地喜欢谎言。希腊晚期学派中的一派曾对此做过研究，他们也搞不懂谎言中到底有什么东西，能让人只为了谎言本身而爱谎言，因为谎言既不能像诗人作诗那样让人愉悦，也不能像商人经商那样让人得利。可我并不能说，真理就是一道毫不掩饰、完全敞开的日光，它不会炫耀世间的伪装、虚礼和骄狂，其优雅、柔和的程度也

① 《新约·约翰福音》第 18 章，第 37–38 节中的人物，公元前后罗马帝国驻以色列（犹太国）总督，下令把耶稣钉在十字架上的人。——译者注

只有烛光的一半。真理可能和珍珠一样，在日光下最好看，但却比不上钻石或红玉，因为它们在各种光线下都是最好看的。掺有谎言的东西总能给人添乐儿。

如果把自负的偏见、奉承式的祝愿、错误的评判以及不真实的想象从人们心中取出，人心就会缩得很小。这样的心总是闷闷不乐、小病不断，连自己都会讨厌自己。有人怀疑这点吗？一位神父曾十分严厉地说，诗就是魔鬼的酒，因为它填补了人们的想象空间，可它不过就是谎言的影子罢了。然而，正如我们前面所说，害人的不是从人们心中一闪而过的谎言，而是沉入人们心底且已根深蒂固的谎言。但是，不论这些东西是如何影响人们堕落的判断力和喜好的，只靠自己来评判自己的真理却教导我们说，探求真理（就是向它求爱、求婚）、认识真理（就是和它共处）、相信真理（就是享受它带来的快乐）是人性中最大的善。

上帝在创造宇宙万物的几天里造的第一样东西就是感觉之光，最后一件就是理性之光。从那以后，他在休息日里所做的就是向世人昭示自己的意志。他先是把光吹到物或混沌的表层上，接着又把光吹到人的脸，如今他还在朝他选定的人的脸吹吐光明并启迪他们。有一个哲学学派，他们在其他方面都乏善可陈，除了一位为其增色的诗人。这位诗人说得太好了："站在岸上看海中上下颠簸的船只是一件乐事；站在城堡窗前看下面的争斗与冒险是一件乐事，但任何乐事都不能和站在真理的有利位置上（这座山最高，这儿的空气总是清新、安宁的），看下面山谷里的谬误、恍惚、模糊与骚动不安相比。"所以，永远都要用恻隐之心，而不是膨胀和自满之心这么看。当然了，如果可以让人心以仁爱为准则、以天意为依托、以真理为轴心来运转，那就是人间天堂了。

无论是神学和哲学上的真理还是民事上的真理，即使其中某些真理并不可行，明明白白地做人、考虑周全地处事，是人性的光荣。掺假就像是用金银一起铸币一样，这会让金属更好用，但却会降低成色。这种拐弯抹角的骗人方式是蛇走路的方式，它们用肚子走路，不用脚。最让人蒙羞的恶行就是被人发现弄虚作假、背信弃义。蒙田对此解释得很妙，在研究为什么说这种行为可耻、可恨时，他说，"仔细想想就会发现，说一个人说谎几乎就等于是在说，他对上帝很大胆、对人类很怯懦"，因为谎言是背人不背上帝的。绝不可能有比这个说法还高明且可以揭示谎言与背信行为的恶毒性的说法了，这个说法就是：这种罪恶是召唤上帝惩罚整个人类的最后钟声。有个预言说，当基督再次降世时，他将找不到任何信德。

# 二
# 论死亡

大人怕死就像孩子怕黑一样。传说或故事会增加孩子与生俱来的恐惧感，也会让大人更怕死。认为死亡是“行恶的酬劳”，是通往另一个世界的路径的确很神圣、很虔诚；而害怕死亡，认为死是对自然应做的奉献却是软弱、愚钝的。

在宗教冥想中，有时也夹杂着虚无和迷信。你会在一些天主教修道士的修行书里读到这样的话：一个人应该想想，如果自己的手指被压或被行刑会有什么痛苦；进而再想象一下，如果身体全都腐烂了，死亡又会有什么痛苦；死过很多次也没有肢体受折磨痛苦，因为人体中最致命的部位并不是最敏感的。仅以哲学家和普通人的身份说话的一个人说得很好：死亡布下的陷阱比死亡本身更可怕。呻吟与抽搐、面无血色、朋友的哭泣、黑色的丧服与葬礼以及诸如此类的东西都展示了死亡的可怕。

值得注意的是，在一个人的各种情感中，没有一种会脆弱得无法克服对死亡的恐惧。既然身边有那么多侍从来帮他，死亡也就不是多么可怕的敌人了。复仇之心克服它；情爱之心蔑视它；荣誉之心向往它；悲伤之心飞向它；恐惧之心专注它。不仅如此，我们还读到过，奥索[①]自杀后，怜悯之情（最温柔的情感）让很多人也陪着他死了。他们这么做仅仅是因为他们同情自己的国君，愿意做最忠实的追随者。

此外，塞涅卡[②]还加上了厌倦之心，他说：想一想你做同一件事已经有多久了，想去死的不仅有英勇无畏或穷困潦倒的人，而且还有百无聊赖的人。即便既不勇敢也不穷困，仅仅因为总是重复做同一件事，一个人也会想去死的。

同样值得注意的是，死亡的临近给心灵美好的人带来的变化是那么的小，因为直到最后一刻他们好像还是老样子。奥古斯都·恺撒[③]死时还在赞美“永别了，莉薇娅，请永远记住我们婚后的美好时光”；提比略[④]到死都很虚伪，塔西佗[⑤]是这么说他的：提比略的体力消减得很快，可他的虚伪

---

① 罗马帝国皇帝。——译者注

② 古罗马政治家、哲学家、悲剧作家、雄辩家、新斯多葛主义代表。早年信奉毕达哥拉斯的神秘主义和东方的宗教崇拜，后皈依斯多葛派。——译者注

③ 即盖乌斯·屋大维，罗马帝国开国皇帝，是恺撒大帝的侄孙和养子，被元老院赐封为“奥古斯都”。——译者注

④ 即提比略·克劳狄乌斯·尼禄，罗马帝国第二位皇帝。——译者注

⑤ 古罗马元老院议员、历史学家。——译者注

却没减多少；维斯帕先[①]死时还在开玩笑，他坐在凳子上说“我觉得我就要成神了”；加尔巴[②]死时伸着脖子说“如果这对罗马人民是好事，那就砍吧”；塞维拉斯[③]死时还想“如果还有要我做的事，那就快点吧”，还有很多诸如此类的事。

斯多葛学派太看重死亡了，而且因为他们准备得太好了，死亡显得更可怕。

有个人说得更好：“就把生命的结束看成是大自然的恩赐之一吧。”死和生一样，都是很自然的事，对于婴儿来说，也许生和死一样痛苦。死于狂热追求中的人和在热血沸腾时受伤的人是一样的，那时的他是感觉不到痛的。所以，坚定的、一心向善的人是能够避开死亡之痛的。但最重要的是要相信，最美的圣歌就是当一个人达到了自己有一定价值的目的、实现了自己有一定价值的愿望时唱的“主啊，如今请让你的仆人在和平中死去吧”这首圣歌[④]。死亡还是这样的，就是接受美名、灭除嫉妒。生时讨人厌的人死后会让人爱。

---

① 罗马帝国弗拉维王朝的第一位皇帝。——译者注

② 尼禄自杀后成为罗马皇帝。——译者注

③ 罗马皇帝。——译者注

④ 《新约·路加福音》第二章29节。——译者注

# 三

# 论宗教统一

宗教是维系人类社会的主要纽带，如果它本身就好好地立于真正统一的纽带之中，一定是件好事。宗教纷争与分裂的邪恶之处是异教徒闻所未闻的，这是因为，异教徒的宗教只存在于仪式和典礼中，而不在始终如一的信仰中。如果他们的教父或宗师是个诗人，你就能想象出他们的宗教都信什么了。可是，真正的上帝有这么一种特质，就是他是一个“忌邪之神”。因此，在对他的敬奉中和他的宗教中是不能夹杂别的东西和别的伙伴的。所以我们应该就教派[1]的统一说点儿什么，说说这会带来什么好处、界限在哪儿、应该通过什么手段。

教派统一（这是仅次于让上帝喜悦的一件事，而让上帝喜悦是一切的一切）有两个好处，一个针对的是教派之外的人，另一个针对的是教派之内的人。对前者来说，异端邪说和教派分裂无疑是所有丑事中最丑的事，肯定比伤风败俗还坏。身体上的一处伤口或骨折比心情不好会糟很多，精神方

[1] 指基督教中的各教派。——译者注

面的事也是这样。因此，最能让人不加入任何教派或退出教派的事就是教派统一被破坏了。而一旦出现了这种情形，就是有的人说：看呀，基督在旷野里；另一个人说：看呀，基督在密室中，也就是说，当某些人在异教徒非法的秘密聚会里找寻基督，另一些人从一个教派的外表去找寻基督时，人们就需要不断听到“不要出去”的声音了。

异教徒的宗师（他的使命要求他要特别关照教派之外的人）说过：“假如一个不信教的人入了你们的教后，听到你们都在那儿七嘴八舌地说，难道他不会说你们都疯了吗？”如果是无神论者和世俗之人听到了宗教中如此之多的不一致、相互对立的意见，情况也好不了多少，他们会因此避开教派，坐到“角落的椅子上”。有这么一位讽刺大师，将书名为《异教徒的摩尔舞》列入了自己虚构的藏书室的图书目录中。对于这么严肃的话题来说，这件用来举证的事是非常微不足道了，可它却很好地展示了什么是畸形。每派异教在装模作样或卑躬屈膝方面各不相同，这不能不让本来就爱蔑视神圣事物的世俗之人和邪恶的政客们嘲笑他们。

对于教派之内的人来说，教派统一的好处就是有了和平。和平中有无限的福祉；和平能建立信仰；和平能点亮仁慈之心。教派表面上的和平会化作内在的平和，而这种内在的平和又会让各教派将用在读写论战文章的精力转到读写禁欲和奉献的专著上来。

说到教派统一的界限，它们到底在哪儿，是极为重要的问题。好像有这么两个极端，对于某些激进的人来说，所有和解的话都是可恨的。“耶户[①]，这就是和平吗？和你有什么关系？你还是到我后面来吧”。他们关心的不是和平，而是派别。相反，某些老底嘉教会[②]中不冷不热的人则认为，他们可以通过机智和解的方式来调和各派宗教，好像他们要在上帝和人类之间进行仲裁一样。这两个极端都要避开，也是可以做到的，只要我们的救世主自己建起的基督徒联盟符合两条交叉条款就行。而对这两条条款正确而清晰的解释就是：和我们不是一路的人就是反对我们的人；不反对我们的人就是和我们一路的人。就是说，只要能真正地把宗教中根本的、实质的观点同不纯属于信仰方面但属于意见、规则或良好意图的观点辨明并区分开来，就能避开这两个极端。可能对很多人来说，这就是一件微不足道的小事，而且他们已经做了。但如果做的时候少些偏袒，就会得到更多支持。

我是个小人物，关于这一点我也只能给出这点儿忠告了。

① 古代中东国家北以色列王国第十一任君主，见《旧约·列王纪》第九章。——译者注

② 见《新约·启示录》第3章第14-22节。——译者注

人们应该当心，不要因为两类争论而分裂上帝的教会。一类争论是，引发争论的事太微不足道了，根本不值得高度关注和争论不休，只是因为意见不一致就引发的争论。这就像一位神父说的那样："基督的外衣的确没有任何缝隙，但教会的长袍却有好几种颜色。"于是他说："就让衣服多些花样吧，但却不要有裂缝或切口。"统一和同一是两回事。

另一类争论是，引发争论的事很重要，但却越来越微妙和令人费解，以至于对其争论成了一件妙不可言的事而不是实实在在的事。有判断力和理解力的人有时会听到无知之人的不同意见，他心里知道，他们所说的不同其实是同一件事，可他们自己绝不这么看。如果人和人之间在判断力上存在着这种差距，那么我们能不能不要认为，了解人心的高高在上的上帝也不知道脆弱的人相互争论的其实是同一件事，他也不接受双方的意见呢？圣保罗在有关这种事的告诫与戒律中对这种争论的性质做了极好的表述：这就是些避开世俗的新说法，就是与真道对立的伪知识、伪学问。人们造出并不存在的对立面，并给它们起了一个非常牢靠的新名词，以至于原本应该是意义支配名词的事，变成了名词支配意义了。

还有两种假和平或假统一，一种是建立在绝对愚昧的基础上的和平，因为在黑暗之中，所有的颜色都是一个色儿；另一种是靠直接接受根本观点的矛盾之处弥补而来的和平。这些事里的真和假就像尼布甲尼撒[①]雕像的脚趾上的铁和泥一样，可能会粘在一起，但不会融为一体。

说到实现教派统一的方法，必须注意的是，在实现宗教统一的过程中，不能消减和损伤仁爱准则和社会准则。基督徒有两把剑，宗教之剑和世俗之剑，这两把剑在维护宗教上有着各自应有的作用和地位。但我们不该拿起第三把剑，就是穆罕默德之剑或像它那样的剑。就是说，不能通过战争来传播宗教，或通过残暴的迫害来逼着人信，除非是明目张胆地做丑事，亵渎神明，或者将宗教掺入用以对抗国家的事务之中。更不能蓄谋叛乱，认可阴谋和反叛行为，把剑交到民众手中等等，也不能试图颠覆上帝立下的所有政体。因为这是在用第一块石碑撞第二块石碑[②]，是在把人当作基督徒，忘了他们是人。当注意到阿伽门农[③]忍心用亲生女儿献祭时，

① 新巴比伦王国国王，声誉仅次于汉谟拉比。——译者注

② 圣经《出埃及记》中的内容。上帝在西奈山上亲自将“摩西十诫”传达给摩西，它是上帝对以色列人的告诫。上帝本人将这些话刻在了石碑上，第一块石碑上刻着人对神的责任，第二块石碑上刻着人对人的责任。——译者注

③ 特洛伊战争中希腊军队的统帅。——译者注

诗人卢克莱修[①]惊呼道："宗教居然能让人这么邪恶。"如果他听说了法兰西的大屠杀事件或英格兰的火药谋反事件，又会怎么说呢？恐怕会比本是享乐主义者和无神论者的他要邪恶七倍。

为了宗教而拔出世俗之剑时要十分小心，因此，把剑交到平民手中是很可怕的一件事。还是把这种事留给再洗礼派[②]以及其他复仇女神吧。当魔鬼说"我要上去，还要和至尊一样"时，就是对上帝极大的亵渎；而让人假扮上帝，并让他说"我要下来，还要和黑暗之王一样"，则是对上帝更大的亵渎。

让宗教的理想堕落为残忍、恶劣地谋杀君主、屠杀人民、颠覆国家与政府，就比这种亵渎好些吗？这无疑是在将圣灵画成秃鹫或乌鸦，而不是鸽子，在基督教会外摆放一面海盗和刺客[③]的旗。因此，要让教会借助教义和教令，让国君借助自己的威力，让所有的学问家，无论是基督徒还是道德家，借助自己的神杖，都来诅咒意在支持这些事的行为和意见，并将它们永远打入地狱，就像他们已经做过的那样。在所有

① 罗马共和国末期的诗人和哲学家。——译者注

② 16世纪欧洲宗教改革时期新教中一些主张成人洗礼的激进派别的总称。——译者注

③ 指暗杀十字军的穆斯林秘密团体成员。——译者注

宗教规劝中，首当其冲的是这位使徒的规劝：“人类的愤怒成就不了上帝的正义。”而一位明智的神父同样真诚的告白也是值得关注的：“压制别人的良知和劝人压制自己的良知的人通常都是以自己的利益为目的人。”

# 四
# 论报复

报复是一种野蛮的正义，人性越是倾向它，法律越该铲除它。因为对于一种过错来说，一开始只是触犯法律而已，但对这种过错进行报复，却是在赶走法律。如果报了仇，不过就是和自己的敌人扯平了而已；而如果让这事过去，那他就胜人一筹了，因为宽恕的品质是属于君王的。我确信所罗门王就说过这样的话："既往不咎是一个人的荣耀。"过去的事已经过去了、无法挽回了，明智的人认为现在和将来的事就够自己忙的了，因此，为过去的事操劳的人简直就是在浪费精力。

没人会为了作恶而作恶，作恶都是为了让自己得到利益、乐趣、荣誉或类似的东西。所以，我为什么要因为一个人爱他自己胜过爱我而对他生气呢？即便一个人纯粹因为天生就恶而作恶，那又怎么样呢？他们不过就是和棘刺或野蔷薇一样的人，就会扎人和刮人，因为他们不会干别的。

最能让人容忍的一种报复是对法律惩处不了的恶所进行

的报复。但得注意，这种报复应该是在没有惩罚这种报复的法律的前提下进行才好，否则仇人还是会占先，自己还要承担双重麻烦。有些人在报复时很想让对方知道为什么他会报复，这种做法比较大度。伤及对方好像没有让对方懊悔那么痛快，但卑鄙、狡诈的懦夫却会像黑暗中飞出的箭一样。佛罗伦萨公爵科西莫坚决反对背信弃义或忽视朋友的做法，好像它们是不可饶恕的罪过，他说："你会读到'我们得饶恕我们的敌人'的话，可你永远也读不到'我们得宽恕我们的朋友'的话。"约伯[①]的态度更有格调，他说："我们可能只从上帝那儿拿好的，不拿坏的吗？"有关朋友的事也是如此。的确，处心积虑地想报复的人总会让自己的伤口像新的一样，而如果不这样，他的伤口就会愈合。群体性报复大多是幸运的，如为恺撒之死、为柏提那克斯[②]之死、为法兰西国王亨利三世之死所进行的报复以及类似的很多报复。但个人的报复就没这么幸运了，不仅如此，怀恨在心的人会过着女巫般的生活，而因为他们满怀恶意，所以也会不幸地死去。

---

① 圣经人物，上帝的忠实仆人，以虔诚和忍耐著称。——译者注

② 罗马皇帝。——译者注

# 五

# 论逆境

“顺境时的好事让人期盼，逆境时的好事让人赞叹”，这是塞涅卡（照着斯多葛派的样儿）所发表的高论。的确，如果奇迹可以凌驾于自然之上，那么它们大多出现在逆境中。塞涅卡还有比这还高的高论（对异教徒来说是太高了）：“真正的伟大就是一个人既有人的脆弱，又有神的无忧。”如果用诗来写这句话会更好些，因为诗更允许超然的东西。诗人们的确常用这句话，因为，实际上，它道出了出现在古代诗人奇怪的想象中的、似乎不无神秘且与基督徒的情况有些接近的情形，就是赫拉克勒斯[①]在解救普罗米修斯[②]（人性就是通过他表现出来的）时，坐着瓦盆或瓦罐渡过了大海的情形，它生动地描绘了基督徒用自己脆弱的身躯做舟，闯过世间波涛的决心。

用平常话来说就是，顺境时的美德是节制，逆境时的美德是坚毅。顺境是《旧约》中的福，逆境是《新约》中的福。

---

① 罗马和希腊神话中的大力神。——译者注

② 希腊神话中的英雄。——译者注

逆境带来的福更大，所昭示的上帝的恩惠也更明显。《旧约》甚至还说，如果你聆听大卫的竖琴，你会听到和颂歌一样多的灵车般的曲调，而且圣灵之笔花在描述约伯的苦难上的功夫比花在描述所罗门的幸福上的功夫要多。顺境时并非就没有恐惧与灾难，逆境时也并非就没有安慰与希望。在针线活和刺绣中我们可以看到，在灰暗、阴沉的底子上绣上活泼、生动的花样，比在快活、明亮的底子上绣上暗淡、阴郁的花样更让人赏心悦目。所以，可以通过眼中的快乐知道心中的快乐。美德当然和珍贵的气味一样，在被燃烧或被榨取时是最香的。因此，顺境时最能发现恶习，逆境时最能发现美德。

# 六
# 论伪装与掩饰

掩饰不过是一种软弱的策略或智慧而已，因为要想知道何时说真话、何时做真事，需要有强健的头脑与内心。因此，比较软弱的政治家都是很会掩饰的人。

塔西佗说过“利维娅可以很好地应付丈夫的谋略和儿子的掩饰”，就是说奥古斯都有谋略、提比略善掩饰。当穆西阿奴斯[①]劝维斯帕先[②]武装反抗维提里乌斯[③]时，塔西佗又说：“我们反抗的既不是奥古斯都敏锐的判断力，也不是提比略的极端审慎或隐秘。”

不管是谋略或策略，还是掩饰或隐秘，这些特质的确是不同的习惯和能力，需要进行辨别。因为，如果一个人具备这种判断力，就是知道什么事该公开、什么事该保密、什么事该半露半隐，应该针对何人，又该安排在何时（这正是塔西陀所说的治国、处世之术），那对这个人来说，掩饰的习惯

① 罗马帝国名将。——译者注

② 罗马帝国弗拉维王朝的第一位皇帝。——译者注

③ 罗马皇帝。——译者注

就是一种障碍、一个弱点。但是，如果一个人没有这种判断力，那么一般来说，就只能隐秘、掩饰了，因为当一个人不会选择或随机应变时，采用大体上最安全、最谨慎的方法要好些，就像视力不好的人走路会轻、会慢一样。

最有能力的人肯定行事直爽、坦诚，还会拥有实在、准确的名声。可他们又像被训得很好的马一样，因为他们能准确地知道何时停步、何时转向。而在他们认为的确需要掩饰时，如果他们真这么做了，以往那些被四处传播的他们是如何坦白的好信誉，也几乎就看不到了。

自我隐匿和躲藏有三种程度。程度一是隐秘、缄默和保密，此时，一个人会不让别人看出或推测出自己的为人。程度二是掩饰，是被动的，此时，一个人会流露一些标志和观点，以掩盖真实的自己。程度三是伪装，是主动的，此时，一个人会刻意且明显地把自己伪装成并非自己的那种人。

程度一，保密，这的确是倾听者的美德，隐秘的人也一定能听到很多真情告白，因为谁会对一个胡说八道、唠唠叨叨的人敞开心扉呢？而一旦一个人被认为是隐秘之人，就会招来他人的倾诉，就像室内吸入室外的空气一样。倾诉中的真情流露并非有什么实际用途，而是为了让自己心里舒服。所以，隐秘之人会知道很多这类的事，因为人们宁愿和盘托出也不愿慢慢透露。简言之，神秘的就是保密的。

另外，（说实话，）毫无遮掩地裸露是不美的，无论它是精神还是肉体。如果人的举止、行为不会完全暴露在外，就会增加不少尊严。话多和没出息的人大多是空虚、自负和容易受骗的人，他们不仅会说自己知道的，而且还会说自己不知道的。所以才有了“保密的习惯既是明智的，又是道德的”这条定律。就这点来说，一个人最好是用舌头说而不是用表情说，因为别人通过观察你的面部表情就能看出你是什么人是一个很大的弱点，这是在出卖自己。这个弱点有多大，又出卖了多少自己，从人们对面部表情的注意、从对一个人的信任远远超过对言语的注意与信任这一点就知道了。

第二种程度的自我隐匿是掩饰，它紧跟着保密而来。所以，一个想隐秘的人就必须在某种程度上是个掩饰者。人是很滑头的，他们不会让一个人保持中立，并在不偏不倚的情况下保守秘密。他们会用各种问题缠着一个人，让他上套儿，并探出他的口风。因此，除非一个人绝对保持沉默，否则就得表明自己倾向哪一方；如果不这么做，人们就会从他的沉默中推测出一些东西来，好像是他自己说的一样。模棱两可、含糊其词的话是坚持不了多久的，所以，没人能保密，除非他能给自己留出一点儿掩饰的余地，而掩饰不过就是保密的裙边或修饰物罢了。

第三种程度的自我隐匿是伪装和冒充，我认为这是罪过有余而明智不足的行为，除非它们出现在重大而罕见的事情中。因此，普遍存在的伪装的习惯（就是这最后一个程度）是一种恶习，它要么源自天生的虚伪或胆怯，要么源自有很大缺陷的内心。这些都会迫使一个人去隐瞒和掩饰，进而在别的事上也会伪装自己，以免陷入窘境。

伪装和掩饰有三大好处。首先，可以麻痹反对者并出其不意，因为一旦一个人的意图被公开了，那就等于是拉响了召集所有反对他的人的警报。其次，可以给自己留下很好的退路，因为如果一个人表明了自己的立场，就必须坚持下去，或者被人打倒。第三，可以更好地发现别人的想法，因为人们几乎不会反对公开自己的人，他们会（一般来说）让他接着说，并把自己的言论自由变为思想自由。西班牙人的谚语说得很好、很精辟："说句谎话就能发现实情"，好像只有通过伪装才能发现真相似的。

公平而论，伪装和掩饰也有三大坏处。首先，伪装和掩饰通常都会流露出胆怯来，这种胆怯会妨碍任何目标的实现。其次，伪装、掩饰之人会让很多人疑惑不解，而如果他不这样，这些人就可能和他合作，不至于让他一个人去实现自己的目标。第三，也是最大的坏处，就是它会剥夺一个人做事时所使用的最主要的工具之一——信任与信念。最好的组合与最佳的情况是，拥有坦诚的名声、保密的习惯、能合乎时宜地掩饰、在不得已时还能伪装自己。

# 七
# 论父母与子女

父母的快乐是个秘密，他们的悲伤与忧虑也是个秘密，他们不能说自己有多快乐，也不能说自己有多忧虑。子女让劳作变得甘甜，但也让不幸变得更苦，他们让父母更在乎生命，也会减轻他们对死亡的惦念。兽类都会通过生殖而永久地生存下去，但记忆、功绩与崇高的事业却是人类所特有的。没有子女的人的确成就过最崇高的事业和最伟大的基业，当无法把自己肉体的影像呈现出来时，他们就会努力地把自己精神的影像呈现出来，所以没有后代的人会最关心后代的。最溺爱子女的人就是创立自己的家业的人，他们希望自己的子女不仅能延续自己的家族，而且还能延续自己的事业，因此，他们认为子女和自己创造的财富都是一样的。

父母对几个子女的爱往往是不平等的，有时都不值一提，尤其是母亲的爱。正如所罗门所说：“聪明的儿子让父亲欢喜；粗俗的儿子让母亲羞愧。”人们是可以看到这样的情形的，在挤满孩子的家中，一两个最大的孩子受到尊重，最小的那个被宠得胡来，而中间的那几个好像被忘掉了一样，尽管他们常常是最好的。父母在零用钱上对子女很吝啬是个有害的错误，这会让子女变得卑贱、善于偷奸耍滑、与小气之人为伍、一有钱就会大手大脚。所以，如果父母能把自己的权威放在对子女的管教上而不是钱包上，就会得到最好的结果。

人们（父母、教师及仆人）在孩子的童年时代让兄弟之间互相仿效、彼此追赶的做法是愚蠢的，这往往会让长大后的他们彼此不合，还会搅乱整个家庭。意大利人并不认为自己的孩子和自己的侄甥或亲戚有什么区别，所以他们很抱团儿，即使他们不是自己生的也不介意。说真的，情况还真是这样，有时侄子更像叔叔或某个亲戚，而不是自己的父亲，因为有血缘关系。父母应该尽早为子女选择他们应该从事的职业和发展方向，因为那时的他们最好调教。同时，不要过于服从孩子的喜好，认为只要是他们最想做的，他们就能做得最好。的确，如果子女的爱好与能力都是超群的，那就不要违背。但一般来说，还是这个信条好：“选最好的去做，习惯会让它变得有趣和轻松的。”小点儿的孩子通常都很幸运，而被剥夺了继承权的大点儿的孩子却很少走运，甚至没有任何运气。

# 八

# 论结婚与独身

有妻有子的人是已经做了命运的人质的人，因为妻和子是做大事的障碍物，无论这些大事是善举还是恶行。最杰出的作品，为公众所做的丰功伟绩的确出自没结婚或没孩子的人之手，他们在感情上和财富上娶的都是公众，把这些东西也交给了公众。然而，最关心未来的好像应该是有孩子的人，因为他们知道，自己必须把自己最珍视的誓言传递下去。

有些人尽管也独身，但却只想自己的事，并不关心未来；还有一些人，认为妻子和孩子不过就是要付钱的账单。更有甚者，一些愚蠢而富有的贪财之人会以没有孩子为荣，因为这样更能被看成是富人。也许他们听到过这样的谈话："某某人是个大富翁"，另一个反对道，"是的，可养活儿女要花他很多钱"，好像这会减少他的财富似的。

选择独身生活最常见的原因是为了自由，喜欢怡然自得、诙谐幽默的人尤其如此。这些人对任何约束都非常敏感，几乎把腰带和吊袜带都看成是手铐和脚镣。未婚人士是最好的朋友、最好的主人和最好的仆人，但往往不是最好的臣民，因为他们容易逃跑，几乎所有的逃跑者都是这种情况。独身生活很适合牧师，因为如果必须先将慈善之水注满池子，就无法再给地面浇水了。法官和地方官是否独身是无所谓的，因为如果他们既肤浅又腐败，那你的仆人就会比你的妻子坏五倍。就军人来说，我发现将领们在激励士兵时通常会让他们想起自己的妻子和孩子，我还认为粗俗的土耳其士兵之所以会更卑贱是因为土耳其人鄙视婚姻。

妻子和孩子的确是对人性的一种磨炼，而对独身的人来说，由于他们的钱财不易耗尽，所以他们往往会很仁慈。但另一方面，因为他们的柔情经常得不到召唤，所以他们会更冷酷、更无情（适合做严厉的审讯官）。顺从习俗的庄重之人，因而也就是始终如一的人，一般都是体贴、钟情的丈夫。他们就像尤利西斯①说的那样，“宁要老妻，也不要永生”。

贞洁的女人往往骄傲、刚愎，像是在借自己的贞洁之功肆意妄为。最能让妻子既贞洁又顺从的约束方式之一就是让妻子认为自己的丈夫很聪明。可如果她认为他爱妒忌，就绝不会认为他聪明了。妻子是青年人的情人、中年人的伴侣、老年人的看护，所以，只要他愿意，就能找到结婚的理由。

---

① 荷马史诗《奥德赛》中的英雄。——译者注

有个人在回答该什么时候结婚的问题时说“青年人不该结婚，老年人一点儿都不该结婚”，这个人被称为智者之一。经常能见到坏丈夫有很好的妻子，这可能是因为这种丈夫的好出现时显得更可贵，也可能因为这些妻子为自己的耐心而自豪。可是，这点永远都不会错，就是，如果她们不顾亲友的反对，自己选了坏丈夫，就一定会补救自己的愚蠢行为的。

# 九
# 论嫉妒

在所有的情感中，没有一种能被看出是令人着迷或让人心醉的，除了爱情和嫉妒。它们都有着强烈的愿望，能迅速地把自己装进想象和暗示中，还很容易进到眼里，特别是当对象在场时。这些都是能导致着迷的要点，如果真有着迷这种事的话。同样，我们也看到了，《圣经》中把嫉妒叫做“凶眼”，占星家则把星宿的邪恶力量叫做“凶相”，因而似乎还得承认，嫉妒就是从眼里喷射或放射出去的。不仅如此，有些人非常好奇，他们指出，嫉妒之眼最伤人之时就是被嫉妒者荣耀、得意之际，因为这是在把嫉妒推向悬崖。此外，在这种时候，被嫉妒者的精神大多表露在外，因而就会受到打击。

抛开这些好奇心不说（尽管在适当时它们也不是不值得一想），我们来说说什么样的人爱嫉妒别人；什么样的人最容易被人嫉妒；公众的嫉妒与个人的嫉妒又有什么区别。

无德之人一向嫉妒别人的美德，因为人心不是靠自己的好养活的，就是靠别人的恶养活的，而且没有这个就一定会去猎取那个。还有，如果一个人无法得到别人的美德，就会设法通过减少别人的运气来找平。

爱管闲事和爱打听别人的事的人一般都爱嫉妒，因为之所以去了解很多别人的事，不可能是因为这些无事瞎忙可能和自己的利益有关，其原因一定是他能从观察别人的祸福上得到一种像玩儿一样的乐趣。只想自己的事的人是找不到很多可以嫉妒的事的，因为嫉妒是闲逛时产生的一种激情，它在大街上徘徊，不会待在家里。爱打听别人的事的人一定是个幸灾乐祸的人。

贵族出身的人在新人崛起时会嫉妒他们，因为差距改变了。另外，这就像是一种视觉上的错觉，当别人前进时，他们会觉得自己后退了。

畸形的人、宦官、老人和私生子都爱嫉妒，因为他们不可能改善自己的状况了，所以就会竭力损害别人的东西。只有当这些缺陷落在一个非常勇敢、天生具有英雄气概的人身上时，才不是这样，这种人会想着把自己天生的缺陷化成自己的荣耀的一部分。这么一来，人们就得说一个宦官或一个瘸子竟然做出了这么伟大的事，这种荣耀也就成了奇迹了。宦官纳尔西斯[①]和都是瘸子的阿格西拉于斯[②]和帖木儿就是这样。

灾难和不幸过后又东山再起的人也爱嫉妒，因为他们和不合时宜的人是一样的，并且认为对别人的损害就是对自己的补偿。

出于浮躁和虚荣而渴望在很多很多事上都出类拔萃的人永远都爱嫉妒。他们不可能不嫉妒，因为在那么多的事中的某件事上不可能没有很多超过他们的人。阿德里安皇帝[③]就是这种性格，他非常嫉妒诗人、画家和能工巧匠，在这些领域，他的确有过人之处。

最后，近亲、同事和被一起养育的人更容易嫉妒发迹了的同辈们，因为这等于是在指责他们的运气不好，在针对他们，还总能让他们想起这事，其他人也会注意到这事，而有关的谈论和传闻会让他们加倍嫉妒。该隐对他的弟弟亚伯[④]的嫉妒要更卑鄙、更恶毒，因为当上帝更愿意收下亚伯的献祭时没有旁观者。有关什么人爱嫉妒的话题就说这么多了。

---

① 东罗马帝国名将、著名的军事统帅。——译者注

② 斯巴达国王。——译者注

③ 罗马皇帝。——译者注

④ 二者均为亚当、夏娃之子，因为上帝喜欢亚伯的献祭而不是他该隐的，便杀死了亚伯。——译者注

现在来说说多少会被嫉妒的人。首先就是品德高尚的人，他们发展得越好就越少受嫉妒，因为他们的运气好像是他们应得的。没人会嫉妒偿还债务的钱，但却很嫉妒赏金和捐款。再者，嫉妒从来就是与人的自我比较连在一起的，没有比较就没有嫉妒，因此，国王只会被国王嫉妒。不过可以看到，卑微之人在刚发迹时最受嫉妒，之后就能较好地克服它了。相反，有业有功之人在其福分绵延不绝时最受嫉妒，因为到那时，尽管他们的美德没变，但却不像过去一样荣光了，新人的崛起让其美德的荣光暗淡了。

出身高贵的人在声名鹊起时很少被嫉妒，因为这好像是其出身应得的，此外，他们的崛起好像并没给他们添加多少福分。嫉妒就像日光，照在堤岸上或陡坡上比照在平地上要热。同一个道理，逐渐发达起来的人比突然地，一下子就发迹了的人要少受些嫉妒。

自己的荣誉离不开自己非凡的经历、担忧或危险的人不容易被嫉妒，因为人们会认为这些人的荣誉得来不易，有时还会可怜他们，而怜悯永远能医治嫉妒。所以你会看到，较为深沉、严肃的政界人物在其最辉煌的时刻总在自我感叹，诉说自己过着怎样的生活，高喊着“我们是多么痛苦”的口号。他们并没有这种感受，他们只想让人们不要太嫉妒。这么做是可以理解的，如果他们做的是别人希望他们做的。可如果是他们自己要做的，就不可以了，因为没有比毫无必要且野心勃勃地全情投入更能增添嫉妒的事了。而最能消除嫉妒的莫过于一位大人物能保住自己的下属的所有权利和地位优势，因为借助这种手段，就可以在他和嫉妒之间竖起多重屏障。

最容易让人嫉妒的人是用傲慢无礼、不可一世的态度握着巨额财富的人。他们从不满意，只有在借助外表的炫耀或战胜所有反对者或竞争者来显示自己有多了不起时才会感觉良好。智者却宁可给嫉妒贡献点儿什么，他们有时会故意在自己不太关心的事上让人否定或压倒。尽管如此，这一点倒是真的，就是用朴素、坦率的态度（没有狂妄与虚荣）握着巨额财富比采用更巧妙、狡猾的方式要少受些嫉妒。因为后一种方式就是在否认自己的财富，好像在表明他自己没有价值似的，而这却是在教别人嫉妒他。

最后来总结一下这部分内容。就像我们开头说的那样，嫉妒行为有点儿巫术的味道，因此，要想治嫉妒，就要治巫术，没有其他办法，就是说要把（大家所说的）这种“命”挪开，把它放到别人身上。为此，较为明智的那类大人物会让某些人露面，以此来将本会落在自己身上的嫉妒转到那些人身上，有时会是大臣和仆人，有时会是同僚和伙伴，诸如此类。从来都不缺少生性粗暴和爱干事的人，因为可能会因此拥有权力和生意，所以他们会不惜一切去做。

现在来说说公妒。公妒还有好的地方，私妒却一点也没有，这是因为，公妒就像陶片放逐法[①]一样，可以让如日中天之人黯然失色。所以说公妒是大人物们的缰绳，可以让他们不出格。

这种嫉妒，拉丁语叫 invidia，现在的语言叫“不满”，我们会在“论叛乱”中说到。这是一种会传染的国家病，因为毒素会扩散到健全的部分，然后将其污染、毁坏。因此，如果嫉妒侵入了一个国家，那么即使是最好的举措也会被诋毁，进而被化为恶臭。所以，与貌似合理的举措搅在一起是得不到多少好处的，因为这只能说明自己懦弱、害怕嫉妒，而这却会大大伤害一个国家。这和传染病常常出现的情况一样，怕它就是在惹祸上身。

这种公妒好像主要针对的是大官或重臣，而不是国王和他们的领地。但也确实有这样的法则，就是当对某位大臣的公妒很强烈，而原因却微不足道时，或者当对领地内的所有

① 古希腊雅典等城邦实施的一项政治制度，雅典公民可以在陶片上写上那些不受欢迎的人的名字，并通过投票表决将企图威胁雅典民主制度的政治人物予以政治放逐。——译者注

大臣普遍产生了公妒时，这种公妒（尽管是隐秘的）就真的是针对国家本身了。以上就是有关公妒或不满以及它们与私妒的不同的评论，而私妒在一开始就讨论过了。

关于嫉妒之情再加上几句。总的来说，在所有的情感中，嫉妒是最难缠、最持久的一种情感，因为别的情感都是偶然性的，是时有时无的。所以这句话说得好："嫉妒不休假，因为它不是在这人身上忙就是在那人身上忙。"还要注意的是，爱和嫉妒都会让人消瘦，而其他情感却不会，因为它们没那么持久。嫉妒也是最卑劣、最堕落的情感，因此，嫉妒是魔鬼才有的特质。而魔鬼则被叫做"夜里在麦田里种稗子的嫉妒者"①，因为嫉妒总是以微妙的方式行事，而且总在暗中进行，还总会伤害像麦子一类的好东西。

① 见《马太福音》第13章25节，《圣经》认为稗是一种有害杂草。——译者注

# 十

# 论爱情

舞台上的爱情比生活中的爱情要好看些，因为在舞台上，爱情从来都是有关喜剧的事儿，有时才会事关悲剧，但在生活中，爱情却惹了很多祸，它有时像妖女，有时又像复仇女神。你可以看到，在所有伟大、杰出的人物中（无论古人还是今人，只要是人们还记得的人），没有一个是为爱痴狂的，这说明伟大的心灵和伟大的事业可以排除这种柔弱之情。不过你必须把罗马帝国另一半统治者——马克·安东尼和十人执政之一及立法者阿皮乌斯·克劳狄乌斯去掉，前者的确是骄奢淫逸之人，后者却既简朴又明智。

由此可见，如果把守不严，爱情好像（尽管少见）不但可以进入一颗敞开的心，而且可以进入一颗壁垒森严的心。伊壁鸠鲁①说过一句蹩脚的话："一个他对着另一个的她就是一部足够丰富的大戏了。"好像本是为审视星空和所有高贵之物而生的人应该什么都不做，要做的只是跪在一座小偶像面前，把自己变成奴隶似的，尽管不是口舌的奴隶（就像兽类那样），但却是眼睛的奴隶，可眼睛是做更高的用途的。

---

① 古希腊哲学家、无神论者、伊壁鸠鲁学派创始人。——译者注

这种激情是如此过度，还能如此勇敢地面对事物的本质和价值，而这又会让没完没了的夸张言语只在爱情中起作用，这事很怪。可这不单单是言语上的事，因为有句话说得好："主要的奉承者就是一个人自身，他和所有卑微的奉承者有相同的智力。"当然了，情人会更甚之，没有一个骄傲的人会像情人荒唐地认定爱一样认为自己不可思议地好。所以有人说得好："既要恋爱又要明智是不可能的。"这个弱点既不是只出现在别人面前，也不是只出现在被爱一方面前，但对被爱一方来说这个弱点最明显，除非这份爱是互爱。这条规则是真的，就是爱情的回报从来都是互爱或者藏在心中的轻蔑。由此可见，人们太应该当心这种激情了，因为它不仅会让人失去其他东西，还会让人失去自己。至于其他损失，诗人们做了很好的描述：更爱海伦的他舍弃了朱诺和雅典娜送的礼物[①]。

① 源自希腊神话：掌管争执的女神厄里斯在喜筵上放了一个金苹果，上面刻着"属于最美者"几个字。天后朱诺，智慧女神雅典娜，美神维纳斯，都自以为最美，应得金苹果，获得"最美者"称号。她们争执不下，闹到众神之父宙斯那里，但宙斯碍于难言之隐，不愿偏袒任何一方，就要她们去找特洛伊的王子帕里斯评判。三位女神为了获得金苹果，都各自私许帕里斯某种好处：朱诺许给他广袤国土和掌握富饶财宝的权利；雅典娜许以文武全才和胜利的荣誉；维纳斯则许给他成为世界上最美艳的女子——海伦的丈夫。帕里斯在富贵、荣誉和美女之间选择了美女，便把金苹果判给维纳斯。为此，朱诺和雅典娜憎恨帕里斯，连带也憎恨所有特洛伊人。后来维纳斯为了履行诺言，帮助帕里斯拐走了斯巴达国王墨涅俄斯的王后，绝世美女海伦，从而引起了历时 10 年的特洛伊战争。——译者注

所有太看重爱情的人都会拒绝财富和智慧。这种激情会在人脆弱的时候大量涌出，而人脆弱的时候就是很成功或很不幸的时候（尽管不幸的时刻鲜为人知）。在这两个时刻都能燃起爱火，还能越烧越旺，可见爱情就是愚行的产物。有些人做得极好，这些人即使无法拒绝爱情，也会让它保持适度，还会把它和自己生活中的大事、举动完全分开。因为一旦把爱情和正事联系到一起，就会损伤财富，还会让人无法坚守自己的目标。我不知道为什么尚武之人会投入爱情，我想可能和他们爱喝酒是一回事，因为危险的事通常要用乐事做回报。人性中隐秘地存在着一种关爱别人的倾向和动机，如果这种东西没有耗在一个或几个人身上，就自然会向很多人散播，并让人变得仁慈、慷慨，有时就能见到这样的天主教修道士。婚姻之爱造就人类；朋友之爱完美人类；放荡之爱会败坏人类，使之堕落。

# 十一
# 论高位

身居高位的人是三重奴隶：君主或国家的奴隶；名声的奴隶；事业的奴隶，因此，他们是没有自由的，在个人事务、行动还有时间上都没自由。为追寻权力而失去自由，或者为追寻操控别人的权力而失去操控自己的权力是个奇怪的愿望。升到高位的过程是辛苦的，这种苦换来的是更大的苦。有时还是卑鄙的，可这种卑鄙可以换来尊贵。在高位上很难站稳，而退回来则要么是彻底垮台，要么至少也是黯然失色，这是很悲哀的。当你风光不再时，也就没有想活下去的理由了。不仅如此，人们想隐退时是不能退的，但在该隐退时却不想退，即使在老了和生病需要隐居时也不习惯私人生活，就好像城里的老人，总要坐在街边，尽管因此会让人看不起老年人。

无疑，大人物需要借助别人的看法，只有这样，他们才认为自己幸福，因为如果他们只凭自己的感受去判断，就找不到幸福了。而如果他们按别人对他们的看法想自己，想到别人都想成为自己时，他们就会快乐，就好像外面说的那样。

但他们内心的感受可能刚好相反，即便他们是最后一个发现自己的过失的人，也会是第一个发现自己的悲伤的人。当然了，显赫之人看自己都是陌生的，又因为忙于事务，也无暇顾及自己的身体或精神健康。如果一个人死的时候自己不了解自己，别人却过于了解他，这个人就会死得很惨。

在高位可以无所顾忌地行善和作恶，可恶是一种诅咒，所以最好是不想作恶，其次是不能作恶。得到做好事的权势是真正的、合法的志向与追求，因为除非将好意付诸行动，否则不过就是一场好梦而已（即使被上帝接受）。而如果没有权势，没有居高临下的优势地位，就不能将好意付诸行动。功德与伟业就是人们的行动的目的，觉得自己有了这两样才能安心。参演了上帝创世纪大戏的人，也会和上帝一起休息的。“上帝转身去看他双手造就的东西，看到它们都非常好”，此后就是安息日了。

就任高官时，要先为自己树立最好的典范，因为仿效就是行动准则。一段时间之后再把你自己当作典范，并严格考察，看看你是不是不如从前了。也不要忽视这个位子上不称职的人的例子，不要靠谴责他们来显示你自己，而要借此来告诫自己该规避什么。因此，进行改革时，不能无视或诽谤过去那个年代和过去那些人，应该把他们摆在你面前，挑出好的先例，以便仿效。要把所有的事情归到最初的部分，看看它们是从哪里开始和如何退化的。还要参考古时和今天的做法，看看在古时什么是最好的，在今天什么是最合适的。

要努力地让自己做事规矩，这样大家就能预先知道自己可以期待什么，但也不要太肯定、太不容置疑，在没按自己的规矩做时还要解释清楚。要保住自己的地位所应有的权力，但不要引起人们对该权限的质疑。宁可悄悄地、实在地掌管权力，也不要用主张和驳斥来声明权力。还要保住下属的权力，要觉得作为首领去指挥一切比亲自参与一切更光荣。要接受与自己履职有关的帮助与建议，并主动请人帮助、请人建言。不要把给自己通风报信的人当作好事之徒轰走，而要欣然地接受他们。

有权之人的恶习主要有四种：拖延、贪污、粗暴和好说话。一个人做事很容易产生拖延现象，所以要守时，要按时做完手头的事，在此期间不要做不必要的事。说到贪污，不仅要管住自己的手下或仆人，不让他们拿东西，而且要管住有求于你的人，不让他们行贿。因为一个人奉行的节操是约束自己和仆役的，而宣扬出去的节操再加上公开的对贿赂的厌恶，则是约束他人的。只要让人觉得反复无常，在没有明显原因的情况下明显地变了，就会招来贪污之嫌。所以，在自己改变想法或做法时，要清清楚楚地公开宣布，还要说明改变的理由，不要想着偷偷去做。如果自己的仆人或亲信很内向，没有其他外在的可敬之处，这个人通常会被当作行贿的门路。

说到粗暴，没必要因粗暴而招致不满，因为严厉生畏惧，粗暴生怨恨。所以，即使是官方谴责，也应当庄重，不能嘲讽、辱骂。至于好说话，它比贿赂还糟糕，因为贿赂是有时才找上门的，而一味地没理由地顾及别人的人是绝不会不好说话的。正如所罗门所说："顾及别人是不好的，这种人会为了一片面包而去做坏事。"

有句古话说得极好："一个人的地位可以告诉我们他是什么样的人。"它会告诉我们，有些人是好人，有些人是坏人。塔西佗是这样说加尔巴的："即使他从没做过皇帝，所有人也会认为他适合做皇帝。"而关于维斯帕先，他却说："维斯帕先是唯一一个因为做了皇帝而变得更好的人。"前一句说的是能力，后一句说的是态度和情感。能提升自己节操的人一定是个可敬而仁慈的人，节操是或者应该是产生美德的地方。和自然界中的事物一样，它们会以很激烈的方式向自己的位置移动，到了自己的位置就会平静下来。所以，追求目标时的美德是激烈的，而大权在握时的美德则是安稳、平和的。

所有力争高位的举动都像是在爬螺旋形楼梯，一旦遇到派系斗争，在向上爬时要加入一派，在得到自己的位子时要保持中立。要公平而温情地对待前任留下来的回忆，因为如果你不这么做，将来你走的时候就一定要还这笔债。有同僚的话还要尊重他们，宁可在他们不想被你召见时召见他们，也不要在他们有理由让你见他们时不见他们。在谈话和私下答复请愿者时，不要对你的地位太敏感或太惦念，最好能让他们说：“坐这个位子时他就是另外一个人。”

# 十二
# 论勇敢

有人问德摩斯梯尼[①]:“演说家身上最主要的才能是什么?”他的回答是“动作”;其次呢?“动作”;再次呢?“动作”。这是文法学校的普通课文,但却值得明哲之士思考。说这话的人最了解这事,可他自己却在自己赞许的这件事上没什么天生优势。说来也怪,动作对于演说家来说不过就是一种表面功夫,它应该是演员的特长,但却被放在了比创造性和演说技巧等其他优秀才能都要高的位置上。不仅如此,好像它还是唯一的才能似的,是一切的一切。但是,原因也很清楚,总的来说,人性中的愚蠢要多过智慧,所以,把持着人性中的愚蠢部分的那些官能也是最强有力的。

和这事极为相似的是民事中的勇气。什么最重要?“勇气”,其次和再次呢?“勇气”。然而,勇气只是无知和卑贱的产物,比其他才干要次得多,但它却能迷惑并控制缺乏判断力或不够勇敢的人,这种人最多了,它还能在智者脆弱时战胜他们。因此,我们可以看到,勇气在人民的国度产生了

---

① 古希腊雄辩家。——译者注

奇迹，但在有元老院和君主的国家就没这么大的作用。另外，勇敢的人在刚开始行动时，其勇气所产生的作用会很大，可随后就没那么大作用了，因为勇气不太守信[①]。

就像医治人的身体的确存在江湖医生一样，对于政治团体，也有江湖医生的存在，这就是那些创立奇功的人。他们采用奇妙的治疗方法也许会在一两次实验中走运，但因为缺乏知识性原理，所以是不可持续的。你还会看到胆大的人会反复多次地践行穆罕默德的奇迹。穆罕默德让人们相信他可以把一座山叫到他面前，然后他就会从那座山的山顶上为信奉他的教义的人送去祈祷。人们聚在了一起，穆罕默德一次次地叫那座山到他面前来。尽管山一动不动，他却没有一丝沮丧，反而说："如果山还是不到穆罕默德这儿来，穆罕默德就要到山那儿去。"所以说，这些人在他们做出重大承诺但败得极惨时，（如果他们勇气十足）还是能一带而过，转过头来，什么也不想了。

极具判断力的人肯定会认为勇者是在炫耀自己，想引人注意。连粗俗无礼的人也会觉得勇气有点儿可笑。如果说荒唐是可笑的，那么就不用质疑勇气十足很少是不荒唐的这一点了。特别是在勇者颜面皆无的时候，此时的他们会面部萎

① 指一时之勇不可持续。——译者注

缩、表情呆板。这是必然的，因为胆小的人在颜面皆无时还是有伸缩余地的，但在类似的情况下，胆大的人就只能待在那儿了，就像下棋时走不动棋了一样，此时并没有对手，但却动弹不得。这种情形更适合写进讽刺作品而不是严肃的文章。这点是很值得考虑的，就是，大胆总是盲目的，因为它看不见危险和麻烦。所以，大胆在议论中总是不好的，但行动时它就是好的。因此，使用勇者的正确方法是，永远都不要让他们当统帅，而要让他们当副手，听别人指挥。讨论时能看出危险是好的，而行动时看不出是好的，除非危险极大。

# 十三
# 论善与性善

我是这么理解善的，善就是能影响人的福祉的东西，就是希腊人说的爱人，用“人道”这个词（一直在用）来表达它分量有点儿轻。我把爱人的习惯叫善，把爱人的倾向叫性善。在人的所有美德和高尚精神中，善是最伟大的，因为它是一种神性，没有它，人就会是一个忙碌的、有害的、可悲的物种，比有害的动物好不了多少。

善对应的是宗教性的仁爱美德，它不会多余，只可能有差错。对权利的过度渴求让天使堕落[①]，对知识的过度渴求让人类堕落[②]，但仁爱没有过度一说，无论是天使还是人类，都不会因为过度的仁爱而陷于危险之中。愿意行善的这种倾向被深深地刻在人性之中，程度如此之深，以至于如果不能对人行善，就会对其他生物行善。土耳其人就是这样，他们很残忍，但却会善待动物，他们会救助狗和鸟类。据伯斯贝丘斯[③]记载，君士坦丁堡一个信基督教的男孩，因为觉得好玩

① 指撒旦。——译者注

② 指亚当、夏娃。——译者注

③ 荷兰旅行家。——译者注

儿而把一只长喙鸟的嘴撑住不放，差点儿让人用石头打死。

行这种善或仁爱的确可能犯错。意大利有一句很无礼的格言："他太好了，好得什么都不是了。"意大利的大学问家之一马基雅弗利则一定要写出来，他几乎直白地写道："基督教的信仰将好人当作猎物献给了暴君和不讲信用的人。"他这么说是因为，从没有一种法律、教派或学说能像基督教这样这么夸大地赞美善。因此，为了免遭诽谤和危险，最好了解一下这么优良的一种习惯有哪些失误的地方。

我们要对他人行善，但也不要被他们脸上表现出来的东西和妄想所奴役，这是好说话和懦弱的表现，它会把诚实之人关起来的；也不要把宝石送给《伊索寓言》中的公鸡，因为如果给它一颗麦粒，它会更高兴、更快活。真能教训我们的是上帝，"他把雨露和阳光洒向人间，无论这些人是正义的还是非正义的"，但在播撒财富、荣誉和美德时，却不会平均分给每个人。公共福利应该分给所有人，而特殊福利则应该有选择地分配。

需要注意的是，在临摹时不要把原样毁了，神把对我们自己的爱立为原形，所以对我们的邻居的爱就是一种临摹。"卖掉你所有的东西，把它们分给穷人，然后跟我走"[①]的意

① 《马可福音》第10章21节。——译者注

思是，除非你来追随我，就是说，除非你有一种使命，让你可以用很少的东西行很多的善，和用很多东西行的善一样多，否则不要把你所有的东西都卖掉。如果这样，就是为了让小河有水而抽干源头。

行善不仅仅是一种在正当理由的引导下而养成的习惯，有些人天生就心地善良，就像有的人天生性恶一样，这些人天生就不愿关照别人的福祉。较轻的一类恶会让人固执、暴躁、爱唱反调或难以相处等，较重的一类恶会让人妒忌和惹麻烦。这种人在别人危难时会幸灾乐祸，甚至会落井下石，还不如一条给拉撒路舔疮的狗[①]，但会像总在伤口处嗡嗡飞的苍蝇。这些愤世嫉俗者想做的就是让人上吊，可他们不像泰门[②]，在他们的园子里连能上吊的树都没有，泰门却有。这种性情就是人性之恶，但却是造就大政客的最好材料。这种材料和有很多节的木料一样，适合去造注定要左右摇摆的船，但却不适合去造一定要纹丝不动的房子。

善的特质及特征有很多。如果一个人对外乡人也能谦和有礼，则说明他是个世界公民，他的心不是一座与陆地隔绝的孤岛，而是和它们连在一起的大洲。如果他能同情别人的

---

① 出自《路加福音》。——译者注

② 《雅典的泰门》是莎士比亚的最后一部悲剧。——译者注

遭遇，则说明他的心就像那种高贵的树一样，伤了自己，但却奉献出用于制作疗伤或镇痛油膏的香树脂。如果他很快就能原谅、宽恕冒犯自己的人，则说明他的心长在伤害以上的地方，所以他是伤不着的。如果别人给予的一点点恩惠就能让他很感激，则说明他看中他们的心，而不是他们不要的东西。更重要的是，如果他有圣保罗那种完美，就是为了救他的兄弟们宁愿受耶稣基督的诅咒那种至善的美德，就说明他有着了不起的神性，并有一种和耶稣基督一致的东西。

# 十四

# 论贵族

我们要说说贵族，先从作为一个国家的一个阶层说起，然后再从作为特别之人的一种状态来讨论。一个没有任何贵族的君主国家永远都是纯粹、绝对的专制国家，就像土耳其。这是因为，贵族会淡化君权，可以把人们的目光从皇室引开点儿。但民主国家是不需要贵族的，这种国家通常会比有贵族阶层的国家更平静、更不易发生叛乱，因为人们的眼睛都盯在事上，而不是人上。即使盯的是人，也是为了做事，看这个人是否最适合做事，而不是出于标志和血统的考虑。我们看到，尽管有着各种各样的宗教和行政区，但瑞士人的国家延续得很好，因为把他们联系到一起的是实用的东西，而不是对人的崇敬。由低地国家[①]组成的荷兰联省共和国治理得非常好，因为那里有平等，能比较中立地进行政治磋商，人们也比较乐意缴纳税款。

强大而有力的贵族阶层会让国君更威严，但也能削弱他的权力，还能让人民更有生气、更具活力，但却会压缩他们

① 主要指荷兰、比利时和卢森堡。——译者注

的福利。最好的情况是，贵族不是高高地站在君权和国法之上，但也要保持一定的高度，这样一来，以下犯上的人会首先冲着贵族去，不会很快殃及君王的威严。贵族人数太多会给国家带来贫困和麻烦，因为他们的开销会让国家负担过重。此外，一段时间后很多贵族一定会没落的，以至于会变穷，这会让荣誉和财富显得很不相称。

现在说说作为特别之人的贵族。当看到一座依然完好的古堡或建筑物或者看到一棵枝繁叶茂、完好无损的大树时，总会让人心生敬意。要是见到一个古老的经受住时间的考验和岁月侵蚀的贵族家庭时，又该多么令人崇敬啊！因为新贵族靠的是权力，而老贵族靠的是时间。第一个荣升为贵族的人通常会比他的后人善良，但却没他们清白，因为，如果不采用正道和邪道相混的方式，没人能飞黄腾达。后人会记住他的美德，其污点会和他一同死去，这是有道理的。贵族出身的人通常轻视劳作，而自己不勤劳的人是会妒忌勤劳的人的。另外，已经是贵族的人不可能爬得太高，而面对能向上爬的人，待在原地不动的人是不会不嫉妒的。另一方面，自己的贵族身份可以消除其他人对他们无端的嫉妒心理，因为他们拥有荣誉。治下有能干的贵族的君王会发现，雇他们干活儿会让自己很舒心，国事也会进行得更顺利，因为人们自然会屈从他们，好像他们生来就是些发号施令的人似的。

# 十五
# 论叛乱与动乱

民众的领头人应该知道自己的国家会在什么时候出现风波。事情快达到平衡状态时的风波通常都会最猛烈，就像自然界中的暴风雨在春分或秋分前后最猛烈一样。此外，和在暴风雨来临之前会刮起一阵疾风、海水也在悄悄上涨一样，国家出现风波之前，也会有某些征兆。

他（太阳）常常会发出警告：
黑暗的反叛即将发生，
背叛和暗战正在酝酿。

频繁且公开出现的诬蔑、放肆的反对国家的言辞，或者类似的，不利于国家且很快就会被相信的并被传得到处都是的谣言，就是动乱的征兆。诗人维吉尔是这么描述谣言的身世的，他说“她是巨人的妹妹”：

地母为了朝众神发火，

就生了她（故事就这么说的），

凯斯和恩克拉多斯[1]最小的妹妹。

好像谣言是以往的叛乱的遗物似的，可它们的确是将要到来的叛乱的前奏。不过维吉尔还是对的，就是煽动性骚乱对煽动性谣言来说，就像兄弟对姐妹、阳刚对阴柔一样。在这种情况下更是如此，就是把国家最好的、最值得称颂的以及最该让人满意的举措当成恶意并诋毁它，这说明嫉恨的人很多。正如塔西佗所说："如果人们（对统治者）很不满，那么无论他做什么，好的还是坏的，都会受到指责。"但这并不是说，既然这些谣言是动乱的征兆，那么治乱的方法就应该是用非常严厉的手段制止谣言，很多时候制止谣言的最好方法是鄙视它们，到处去阻止反而会让一种疑虑长期存在。也要提防塔西佗所说的那种服从："他们很积极，但却更愿意谈论长官的命令而不是执行命令。"对命令和指示进行争论和辩解并吹毛求疵是一种想摆脱束缚的行为，是在尝试着不服从命令，特别是在想服从命令、说话时既害怕又声小的人与不想服从命令、说话声音很大的人发生争执的时候。

还有，正如马基雅维利所说，当本应是民众父母的君王

① 希腊神话中反抗宙斯的巨人。——译者注

自成一党并偏向一方时，就会像一条船一样因船只一侧的货物太重而翻船。法兰西国王亨利三世就是这样，他自己先是加入了消灭新教徒同盟，不久之后这个同盟却将矛头指向了他，因为，如果君王的权力是为了有助于实现某个目的而设的，而其他圈子比君权的圈子更紧密，那么君王就快要被赶下台了。

再有，如果出现了公开且肆无忌惮的争吵、党派相争以及意见不一致的情况，就表示对政府的敬畏之心已经没了。政府中最重要人物的举动应该像第十层天①下的行星的运转一样，第十层天的老观点认为，每一个行星都会在最高层运转的带动之下转得飞快，而自己转起来则会很柔和。因此，如果一个大人物自己表现得很激烈，就像塔西佗说的那样，在自己的主子面前表现得过于放肆，就意味着天体脱离了运行轨道。“敬畏之心”是上帝赐予君王让他们维护自己的腰带，当上帝威胁要去除这种敬畏时会说：“我要松松君王们的腰带。”

所以，一旦政府四大支柱（宗教、司法、议会和财政）中的任何一个支柱被严重动摇或变得很脆弱，人们就该祈祷

---

① 二世纪希腊天文学家托勒密的天动说中的最外层天体，它带动所有天体转动。——译者注

上天保佑风调雨顺了。不过，让我们跳过有关预兆的这部分内容（下面可能涉及得更多），先说说可以诱发叛乱的东西，再说说叛乱的动机，最后说说补救方法。

什么东西能诱发叛乱是值得好好考虑的事，（如果时间允许的话，）清除能够诱发叛乱的因素肯定能阻止叛乱，因为，如果有现成的燃料，那就说不清究竟会从哪儿飞来个火星儿把它点着了。能引发叛乱的有两种东西，太多的贫穷和太多的不满。有一点是肯定的，有多少破产的人就有多少赞成叛乱的人。卢肯[①]很好地记下了罗马内战前的情形：

高利贷者贪得无厌，利息在贪婪地飞奔，
信用动摇了，战争成了对很多人有利的事。

这个对很多人有利的战争是一个确凿无疑、绝对可靠、预示着国家将会发生叛乱和动乱的标志。并且，如果上流社会变穷了、破产了的同时，普通人也穷困潦倒，那就说明危险极大且就在眼前，因为为了肚子而造反是最坏的一种叛乱。至于不满，它们就是政治团体中的体液，这些体液和人体中的体液一样，会聚积成超乎寻常的热，然后发炎。君王们不

① 古罗马诗人。——译者注

要根据不满是否合理来判断其危险性，因为这样做就把人想得太理性了，人总是会拒绝对自己有益的事；也不要根据招致不满的痛苦实际上是大是小来判断，因为如果对痛苦的恐惧超过了实际感受，这种情况下产生的不满就是最危险的不满。痛苦是有限的，而恐惧是无限的。此外，巨大的压迫能激发耐性，也能激起勇气，而恐惧就不行。还有，任何一个君王或国家都不要因为经常或总有不满但没出什么危险而对不满掉以轻心，因为一点水汽或烟雾的确不会变成暴风雨，尽管过一阵儿它们就消散了，但暴风雨最终还是会来的。就像一句西班牙谚语说的那样："绳子终将断在最轻微的拉扯上。"

叛乱的原因和动机有：改革宗教、改革税制、变更法律与风俗、废除特权、普遍受压迫、不该升迁的人升迁了、外族闯入、饥荒、解散军队、派系斗争白热化以及任何得罪民众而使民众为同一个目的团结、组织到一起的事。

有关根治叛乱的方法是有一些一般性预防措施的，我们后面也会说到。至于什么才是恰当的根治方法，则必须针对具体的病灶来回答。这是需要讨论的，不能硬性规定。

第一个根治或预防措施就是想尽一切办法来除掉会引发叛乱的东西，这就是我们说的物质匮乏与贫穷。为此就要实施开放与平衡的贸易政策、呵护制造业、禁止游手好闲、用节俭令来制止浪费与挥霍、节省土地、改良土壤、规定可售物品的价格、节制税收与贡赋等等。一般来说，应该预先就知道，不要让一个王国的人口（特别是当他们不会因战争而减少时）超过能养活这个王国的储备。计算人口时也不要只看数字，因为人口较少但却花得多挣得少的国家，比人口较多但花得少挣得多的国家会更快地耗尽自己的财产。因此，如果贵族和其他有地位的人口以与平民不相称的比例成倍增加，就会迅速地让一个国家陷入贫困。神职人员太多也会这样，因为他们不会为国家的储备做什么。同样，有文化的人多过可以养活他们的职位时也会这样。

同样要记住的是，鉴于财富的增加必须要从外国人那儿得到（因为无论什么财富，都是某个地方得到的财富就是别的地方失去的财富），所以一个国家可以把三种东西卖给另一个国家：自然生长的东西、人造的东西以及货运或运输。因此，如果这三个轮子总是在转，那财富就会像大潮一样涌入。屡见不鲜的是，手艺要胜过材料，就是说，人做出来的东西和运输比原本的材料更值钱，更能让一个国家富有。从低地国家的人的身上可以清楚地看到这一点，他们有世上最好的地上矿藏。

最重要的是要制定一个好的政策，让国家的宝藏和金钱不会落入少数人手中，否则即使国家储备丰厚，也会挨饿受穷。金钱就像粪肥一样，除非把它们播撒开来，否则就不是好东西。要想广散金钱，主要得禁止或至少也得严格限制高利贷、人们趋之若鹜的行业以及大型牧场等等吞噬型生意。

说到消除不满或消除不满带来的危险，（我们知道）每个国家都有两部分臣民：贵族和平民，如果只是其中的一部分不满，危险并不大，因为如果没有受到较高阶层的人的鼓舞，普通民众行动起来是很慢的；而如果民众不愿意也不准备自己行动起来的话，较高阶层的人也没有很大的力量。可当较高阶层的人等到下层民众骚动起来后才出来主张自己的意见时，就有危险了。诗人们虚构说朱庇特[①]听说其他天神想把他绑起来，就听了帕拉斯[②]的话，招来有上百只手的阿瑞欧斯[③]帮助他。这绝对具有象征性，说明对君主来说，如果能确信普通民众是善意的，那该有多安全啊。

让悲伤和不满可以温和、自由地发泄出来，（只要不是太傲慢、太放肆，）是一种安全的方法。因为让体液倒流，让伤口上的血流入体内的人，是有生毒疮、患恶疾的危险的。就

① 罗马神话中的众神之王，也就是希腊神话中的宙斯。——译者注
② 希腊神话中代表智慧、才能与艺术的女神雅典娜。——译者注
③ 希腊神话中的百臂巨人。——译者注

不满而言，埃匹米修斯[①]所做的可以让他很好地变成普罗米修斯，因为任何预防不满的方法都没有他的方法好。当悲伤和灾祸飞到外面以后，埃匹米修斯终于盖上了盖子，把希望留在了箱底。的确，明智地、人为地培育希望并一直抱有希望，还能让人从一个希望走向另一个希望，是对付不满之毒最好的解药之一。当一个政府不能让民众满意时，能够借助希望来俘获人心，且能通过这种方式处理事情，好像没有战胜不了的灾祸、总有解决的希望似的时候，就可以确切地说，这是一个明智的政府。这么做并不难，因为个人和党派都很爱自吹自擂，至少也会勇敢地说他们不相信没有希望。

还有，要让国内不可能出现适合领头的、可以聚集起不满民众并让他们跟随自己的人，尽管这种先见和防范已为人所知，但仍然是一种极好的防备之策。我认为，适合领头的人就是大气的有威望的人，受心怀不满的党派信任并敬仰的人，且自己也会被认为是有所不满的人。对于这种人，要么用一种既快又实的办法把他们争取过来，让他们和政府和解；要么让他们与党内其他一些人针锋相对，让他们反对他们，这样就能削弱他们的威望。一般来说，分裂、瓦解所有不利于国家的派系和联合体，把他们晾在一边，或至少让他们之

---

① 普罗米修斯的弟弟。——译者注

间互不相信，并不是最糟的一种解决方法，因为，如果赞成政府的行为的一派处处不和、事事争斗，而反对政府的一派却整齐划一、团结一致，情况就危险了。

我曾说过，一些从君王嘴里说出来的机智而犀利的话曾经挑起过叛乱。恺撒的一句“苏拉[①]不识字，所以他不会独裁”，让自己后患无穷，因为这句话让希望他早晚交出独裁大权的人彻底放弃了希望。加尔巴[②]因为一句“我的兵是征来的，不是买来的”而毁了自己，因为它让士兵失去了得到捐赠的希望。普罗巴斯[③]也是一样，他说“只要我活着，罗马帝国就不再需要士兵了”，这句话让士兵非常绝望。这种事还有很多。在微妙和难对付的事情上，君王一定要注意自己所说的话，尤其是那些只言片语，它们会像飞镖一样到处飞，还会被认为是君王泄露了自己的隐秘意图。君王的长篇大论会被认为是平常之事，反倒不会引起太多注意。

最后，为了预防所有的不测，君王身边不该没有一个或多个骁勇善战的大将，以便将叛乱扼杀在萌芽中。如果没有这样的人，叛乱刚刚开始，宫廷中就会有人惊慌失措，国家也会面临塔西佗所说的这样的危险：“人心是这样的，当只有

① 恺撒之前的罗马独裁者。——译者注

② 罗马皇帝。——译者注

③ 罗马皇帝。——译者注

很少的人敢做卑鄙之至的叛国之举时，很多人会希望这么做，所有的人则都会默认这种举动的。”但是，这样的军人一定要可靠且声望高，不喜欢拉帮结派、哗众取宠，还要能和朝中其他重要人物保持一致，否则，治病的药就会比疾病本身还要坏。

# 十六
# 论无神论

我宁可相信《圣人传》[1]、《塔木德》[2]和《可兰经》中的所有传说，也不愿相信这个宇宙的框架是一个没有心智的框架的说法。上帝也因此而从没打造过用来说服无神论的奇迹，因为他造就的寻常事物已经征服了无神论。一点点哲学的确可以让一个人的心倾向于无神论，但精深一些的哲学就会把人心带回宗教。这是因为，当一个人看到互不相关的次要因素时，它可能只是停留在这些因素的表面，并不会进一步深入，可当他看到这些次要因素的整个链条、看到它们彼此相连在一起时，这颗心就一定得飞向天与神了。不仅如此，就连因主张无神论而最受指责的学派也都极好地阐明了宗教，他们是留基伯、德谟克利特和伊壁鸠鲁学派，因为，主张创造出没有神统领的秩序与美的世界不需要神且恰当地、永远地摆放着的四个可变元素和一个不变的第五要素的学说，比主张创造出这种秩序和美的东西是无数个无序摆放着的微小

① 中世纪一本有关圣人的奇迹逸闻的书。——译者注
② 犹太人的重要经典。——译者注

部分或原子的学说要可信一千倍。

《圣经》上说“愚人心里会说世间没有神”，并没有说“愚人心里会想世间没有神”。所以，愚人是机械地说出这句话的，而不是因为他完全相信或被说服了才说这句话的。除了那些可以从无神论中得利的人，没人会否认神的存在。无神论没什么可夸耀的，因为无神论多是停留在口头上，而不是在人的心里。无神论者总在谈自己的主张，好像他们内心脆弱，很想借助别人的赞同来使自己强大似的。

不仅如此，你还会看到，无神论者会和其他教派一样努力地争取信徒。最重要的是，你还可以看到他们不会放弃自己的信仰，愿意为它受苦受难。可如果他们真的认为没有神这样的东西，为什么又要给自己找麻烦呢？伊壁鸠鲁曾断言神灵是存在的，但他们都是逍遥自在、不问世事的。这番话被指责为为了他自己的名誉而做的掩饰，人们说他这是在见风使舵，其实他心里认为是没有神的。不过他的确受到了诽谤，因为他说的话是高贵和虔诚的：“否认世俗眼中的神灵不是亵渎神灵，把世俗的信条加到神灵头上才是亵渎神灵。”柏拉图也不会说得比这句话更好。

另外，尽管伊壁鸠鲁可以很自信地否认神的管控，却无力否认神的本性。西印度人为他们自己的神起了名字，却没有给上帝起名字，这就像异教徒有丘比特、阿波罗和马尔斯这样的名字，但却没有“神”这样的字眼儿一样。这说明这些野蛮人也有神的观念，尽管他们的这种观念并不精深、广大。所以说，最野蛮的人和最敏锐的哲学家一起在反对无神论者。

思考型的无神论者很少，可能只有迪亚哥拉斯、彼翁和卢奇安以及其他几位，而且他们只是看上去更像无神论者，因为所有指责广为接受的宗教或迷信的人，都会被反对者冠以无神论者的名号。的确，无神论者其实都是伪君子，他们总是摆弄着神圣的东西，但却没有感觉，所以到头来，他们必定会被烧灼。

无神论产生的原因之一是宗教分派，因为任何一个主要教派所进行的一分为二的宗教分派都会为双方增添力量，在进行了很多次宗教分派之后，就产生了无神论。无神论产生的另一个原因是教士丑闻不断，正如圣伯纳德[①]所说：“我们现在已经不能说教士和民众一样，因为事实上民众没有教士那么坏。”第三个原因是有一种亵渎和嘲讽神圣事物的风气，这种风气一点一点地损毁了宗教的尊严。无神论产生的最后一个原因是因为出现了学术时代，特别是有了伴随着和平

① 克勒窝修道院院长、修道改革运动——熙笃会的杰出领袖，被尊为中世纪神秘主义之父。——译者注

与繁荣的学术时代，因为困境与灾祸更会让人倾心宗教。

否认神的存在的人是在损毁人的尊贵，因为就肉体而言，人的确是兽的同类，而如果他在精神上不与神相亲，那他就是一个低级、卑贱的生物了。无神论同样会毁掉人的气度和人性的提升。这就像是一条狗，当它发现有人在看护自己时，就会表现得特别慷慨和勇猛，因为对它来说，那个人就是神灵或者更高的性灵。显然，如果狗不相信有比它更高的性灵，它是永远也不会有那种勇猛的。人也一样，当他依赖并确信自己受到神灵的庇护和恩泽时，就会聚集起一股力量，而这股力量是人类自身无法获取的。

所以，和无神论在任何方面都可恶一样，在这方面也是，就是它夺去了可以让人类战胜弱点、提升自我的工具。具体的个人如此，一个民族一样如此。没有一个国家像罗马那样壮美，关于这一点听听西塞罗说的吧：“元老院的议员们，无论我们自视多高，我们在人数上就是不如西班牙人；在体力上不如高卢人；在机敏上不如迦太基人；在艺术上不如希腊人；在属于这片土地和这个民族的与生俱来的家国情怀上，其实都不如意大利人和拉丁人。可是，在虔诚、宗教以及唯一的大智慧上，即承认世间的一切都是由不朽的神的意志来统治和支配的，我们已经超过了所有的民族和人民。”

# 十七
# 论迷信

对神无话可说要好过说些不适合他的话，因为前者是不信，后者是侮辱。迷信的确是对神的污蔑。关于这一点，普鲁塔克[①]就说得很好："我的确宁愿大家都说从来就没有普鲁塔克这么个人，也不愿他们说是有普鲁塔克这么个人，他在儿女们出生不久就把他们吃了。"诗人们也是这么说萨杜恩的[②]。对神的侮辱越多，对人的危害就越大。无神论把人交给理性、哲学、天生的虔敬之心、法律、名声，这些东西也可以引导人们拥有外在的美德，尽管其中并没有宗教。但是，迷信会将所有这一切都拉下来，并在人的心中树立起绝对的君主专制。所以，无神论从来就没干扰过国家，因为它会让人管好自己，别无他求，而且我们也都看到了，倾向于无神论的时代（像奥古斯都·恺撒的时代）都是文明的时代。

可是，迷信却一直困扰着很多国家，并引出了一个新的

---

① 罗马帝国时代的希腊作家。——译者注

② 罗马神话中的农业之神。——译者注

第十层天，它迷住了所有像政府这样的天体。在迷信中，大师是民众，智者会听从愚者，论据也是按颠倒的顺序来配合行为的。在经院派学者的教义影响很大的特利腾大公会议上①，一些教士很郑重地说："经院派学者像天文学家，天文学家们虚构出偏心轮、本轮及此类的天体发动机，用以解释天文现象，可他们知道并没有这种东西。"同样，经院派学者还构建了很多微妙、复杂的原理和定律，用以解释教会的行为。

导致迷信的原因有：仪式和礼仪令人愉快，给人带来感官享受；外在的、形式上的神圣太多、太重；过于尊崇传统，这只会给教会带来负担；高级教士为了自己的野心和利益而设下这种计谋；过于看重善意，这就引出了自大和标新立异；用人眼来看神的事，只能产生混乱想象；最后，所处时代是野蛮时代，特别是期间还有灾难。毫无掩饰的迷信是畸形的，就像如果猿太像人了反而加重了自己的缺陷一样，所以迷信类似宗教的地方会让迷信更畸形。还有，就像好肉坏了会生蛆一样，良好的形式和规则也会腐化为很多烦琐的仪式。当

① 教会的第十九届大公会议，从 1545 年 12 月 13 日开始至 1563 年 12 月 4 日止，含四阶段共二十五场会议。特利腾是意大利北部的一个小城。这个酝酿了二十五年的大公会议召开的目的，除了规定并澄清罗马公教的教义之外，更主要的是进行教会内部的全盘改革。——译者注

人觉得离以往的迷信最远就是最好的行为时，就会生出一种避免迷信的迷信。所以，应该当心的是,（和清除体内不好的东西一样）不要把好的和坏的一起除掉。普通民众做改革者时通常会这么做。

# 十八
# 论 游 历

对年轻人来说，游历是一种教育；对年长的人来说，游历是一种经验。没学点儿一国的语言就去那个国家的游历者是去那儿上学，而不是去游历。我认为，年轻人应该跟着导师或可靠的仆人去游历，这个人应该懂那个国家的语言，而且还去过，这样他就能告诉他们，在他们要去的那个国家里，什么是值得看的、该结识些什么人、在那儿可以得到什么锻炼或训练。不然的话，他们就得戴着帽子游历了，很少往外看。

有件事很奇怪，在海上航行时没什么可看的，只有天空和大海，可人们却会记日记；在陆地上旅行时，可看的东西太多了，可人们多半是不记日记的，好像偶然遇到的事比四处观察到的事更适合被记下来似的。因此，还是让日记来发挥作用吧。游历中该看、该观察的事物有：皇宫，特别是在它们接见外国使节的时候；法庭，当开庭问案时；还有宗教法庭、教堂和修道院以及其中的遗迹；城墙和城堡、港口和码头；古物、遗迹、图书馆和学院；辩论会和演讲，如果有的话；船舶与海军；大城市附近庄重且让人赏心悦目的房屋和花园；兵工厂、军械库和弹药库；交易所；货栈和仓库；马术与剑术训练、士兵操练以及类似的事；上流社会光顾的戏院；珠宝、礼服收藏馆；珍品及各种陈列品；还有，总而言之，那个地方值得记住的东西。

有关这一切，那个导师或仆人是应该打听清楚的。至于庆典、舞会、宴会、婚礼、葬礼、行刑以及类似的表演，则不必太在意，但也不能忽视。如果要让一个年轻人去游历一个小地方，并且要在很短的时间内了解到很多东西，那他就必须这么做：首先，就像说过的那样，在他去之前，一定要学点儿那儿的语言；还有，前面也说了，必须有一个了解那个国家的仆人或导师带他去；他还要带上一些描述那个国家的卡片或书籍；还要记日记。不要让他在一个城镇待太久，时间长短要看那个地方的价值，但不要太长。不仅如此，当他待在一个地方时，要让他把自己的住处从城镇的这头儿换到那头儿，这样肯定能结识一些人。要让他和自己的同胞分开，并且在所到之国中上流人士去的地方吃饭。在从一个地方搬到另一个地方时，要让他得到别人的推荐，以便见到那个地方的名人，并且可以在他想看、想知道的事上让他们帮忙。这么一来，他就可以在缩短行期的同时有更多的收获。

说到在游历中去结识人，最有益的就是与大使秘书和雇员交往，这样即便在一个国家旅行，也可以汲取很多有关该国的知识。还要让他去拜见各行各业中蜚声海外的杰出人士，也许他可以就此知道这些人是否名实相符。要小心谨慎，避免与人发生争斗，它们通常会因情人、祝酒、座位排序和言语而起。一个人应该留意如何与性情暴躁、喜欢争吵的人相处，因为他们会把自己卷入他们的争斗中。游历者回国之后，不要把曾经去过的国家完全抛在脑后，应该和在那儿结识的人中最值得的交往的人保持通信联系。有关他的游历的事最好是在他的言谈中流露，而不是在他的装束或举止中表露。言谈之中也最好是建议式地回答问题，而不是争着说自己的见闻。要让自己看起来不是在用别国的方式和习惯来替换自己国家的方式和习惯，而只是把他从国外学到的一些好习惯引入自己国家的习惯中。

# 十九
# 论帝王

想要的东西很少，害怕的事却很多，这种心境很可悲，而帝王们通常都是这样。由于地位至高、至尊，他们没什么想要的，这让他们的精神更萎靡。而很多重大危机和阴暗面的表象还会让他们的思维很不清晰，这也是《圣经》中会说“君心难测”的原因之一。无论何人，只要他有很多猜忌，而且也没什么可以组织、规范其他所有欲望的愿望，他的心就很难猜、很难懂。因此君王们常常会自己为自己制造欲望，把心思放在小玩意儿上：有时是建造一座建筑；有时是订立一个规矩；有时是提拔一个人；有时是在一些艺术或手艺上获得非凡的造诣，比如尼禄弹竖琴、图密善[①]射箭、康茂德[②]习剑、卡拉卡拉[③]驾车等等。

对于不懂这个道理的人来说，这好像不可思议，这个道理就是：在小事上有所斩获比在大事上停滞不前更能让人愉

① 罗马帝国皇帝。——译者注

② 罗马帝国皇帝。——译者注

③ 罗马帝国皇帝。——译者注

快、振奋。我们也知道，一些君王早年曾是幸运的胜利者，由于他们不可能永远进取，就一定会受制于自己的幸运，所以会在晚年变得迷信和郁郁寡欢，比如亚历山大大帝、戴克里先[①]，还有我们都记得的查理五世（他是西班牙国王卡洛斯一世）1516年－1556年在位，也是神圣罗马帝国皇帝查理五世］以及其他一些人。他们都曾勇往直前，后来遇到了阻力，就不喜欢自己了，而他们也就不是过去的他们了。

现在说说帝王们的真性情，这事很少见，也很难保持，因为真性情和非性情都是由相互对立的东西组成的。然而，将对立的东西混在一起是一回事，将它们互相交换是另一回事。阿波罗尼奥斯[②]对维斯帕先的回答全都是最好的教诲，维斯帕先问他："尼禄为什么会被推翻？"他答道："尼禄可以把琴弦调试得很好，可在治理国家时，有时他会把弦拴得很高，有时又会拴得非常低。"可以肯定的是，没有比不规则、不合时宜地反复变换挤压过度和松弛过度的力量更能摧毁一种权威的东西了。

的确，近代君王理政时所显露的那些智慧大多表现在让他们可以巧妙地规避、转移临近的危险上，而不是说他们有

---

① 罗马皇帝。——译者注

② 欧几里得之后最重要的希腊几何学家。——译者注

一套可靠、可行的能让自己远离危险的行动路径。可这简直是在和幸运之神比身手。他们还得提防自己是否会忽视并容忍酝酿中的动乱，因为没人能阻止星星之火，也没人说得清它会从哪儿来。帝王的事业中有很多极大的艰难与困苦，而最大的困难往往就在他们自己的心里，因为（塔西佗说）君王们的意志常常是矛盾的："君王们的欲望通常是强烈而又自相矛盾的。"想要达到某种目的，但却不能容忍采取相应的手段，这就是权利上的失礼。君王们必须对付他们的邻国、后妃、子女、僧侣和教士、贵族、二流贵族或绅士、商人、平民、士兵。而且，如果他们不小心谨慎的话，这些人全都可能引发危险。

先说说他们的邻国，除了一条永远秉持的章程外，这方面并没有一条通用规则（因为情形太反复无常了），这就是：君王要一直监视着邻国，不要让任何一国（通过扩张领土、支持贸易活动、与周边国家接触或其他类似举动）强大起来，以至于比过去更有能力干扰到自己的国家。预测并阻止出现这种情况一般是政府中某个常设机构的工作，在三人执政时期即英王亨利八世、法兰西国王弗朗西斯一世以及神圣罗马帝国查理五世共同执掌欧洲时期，一直都有这样一种监视，就是三人中谁都不能赢得寸土之地，如果有人这么做了，其他两人就会立即纠偏，要么通过联盟，要么借助战争（如果需要的话），而且无论如何也不会因一时之利而讲和。

这么做的还有由那不勒斯国王斐迪南、洛伦佐·美第奇和卢多维库斯·斯福尔扎结成的联盟（意大利文艺复兴时期的历史学家和政治家圭契尔迪尼称之为意大利的保护者），后两个都是统治者，一个是佛罗伦萨的，另一个是米兰的。一些经院派学者的这种看法是不能听的，就是只有在受到伤害或挑衅后所发动的战争才是公正的，因为即使没有受到打击但却害怕危险就要来了，也是发动战争的正当理由，这是没有问题的。

说到后妃，她们中是有残忍的例子的。丽维亚因为毒死丈夫而得了恶名；罗科索拉娜，苏莱曼[①]的妻子，就是害死有名的王子穆斯塔法苏丹的人，她还搅乱了王室、干扰了王位继承；英王爱德华二世的王后是废除并谋杀其丈夫的主谋。当后妃们为了把自己的孩子扶上王位而密谋时，是最该担心发生这种危险的时候，要不然就是在她们有外遇的时候。

说到君王的孩子，因为他们的危险处境而引发的悲剧同样有很多。一般来说，父亲猜忌孩子总是一件不幸的事。（我们前面提到的）穆斯塔法之死对苏莱曼王室来说是致命一击，

① 史称苏莱曼大帝，奥斯曼帝国苏丹。——译者注

因为从苏莱曼至今，土耳其的王位继承者一直都被人怀疑是外族血统，不是正根，因为这个原因，赛里姆二世成了假设的对象。极温顺的年轻王子克里斯帕斯被其父君士坦丁大帝[①]处死，让王室受到了同样致命的打击，因为他的两个儿子——康斯坦丁纳斯和康斯坦斯都死于非命。而他的另一个儿子康斯坦修也不怎么好，虽然他确实是因病而死，但也是在朱利安率军对抗他后才死的。马其顿国王菲利普二世之子德米特里厄斯的死算在了他父亲身上，他因悔恨而死。这样的例子有很多。而父亲因为猜忌而得到好处的例子却很少或一个也没有，除非儿子们公然发兵反叛他们，苏莱曼一世征讨巴雅泽，还有英王亨利二世征讨他的三个儿子就是这种例外。

还有就是君王的高级教士，他们志得意满、地位显赫之际，也是他们引发危险之时。安塞尔默斯和托马斯·贝克特这两位坎特伯雷大主教的时代就是这样，他们几乎是在用自己的权杖和国王的刀剑抗衡。可他们也得对付强壮而自大的威廉·鲁弗斯、亨利一世和亨利二世[②]。教士阶层本身不会引发危险，他们靠上了国外的势力就会有危险。如果牧师不是

---

① 又称君士坦丁一世，罗马皇帝，世界历史上第一位尊崇基督教的罗马皇帝，公元 330 年将罗马帝国的首都从罗马迁到拜占庭，并将该地改名为君士坦丁堡。——译者注

② 三人均为英王。——译者注

由国王或某个资助者核准认定，而是由民众推选出来的，也会有危险。

至于贵族，疏远点儿他们没什么不妥，如果压制他们，也许会让国王更专制，但却少了些安全，也不能想做什么就做什么了。这一点在我的《英王亨利七世史》一书中已经说过了。亨利七世压制贵族，这让他的时代麻烦不断，动乱不止。因为，尽管他的贵族们仍然效忠于他，但却不再配合他的事业了，所以，实际上，他不得不自己去做所有的事。

二等贵族是没有多大危险的，因为他们是一个松散的团体。有时他们的声音也很大，但危害不大。此外，他们可以平衡高一等贵族的势力，让其不能发展得过于强大。最后，作为最接近普通民众的当权者，他们也最能平息民众的骚乱。

商人是“门脉”，如果他们不活跃了，整个王国可能还会有好的四肢，但其血脉将会变空，提供的养分也会变得很少。加在他们身上的捐税很少能对君王的收入有益，因为他在很多小事上赢得的东西会在一件大事上输掉的。各项税率在增加，但总的交易额却会减少很多。

平民是没什么危险的，除非他们有伟大的、强有力的领袖，或者你干涉了宗教、他们的风俗或者谋生手段。

至于军人，当他们生活在一起并成为一个团体而且习惯了得到捐赠时，就有危险了。我们从土耳其卫兵和古罗马行政官卫队的例子中可以看出这一点。但是，训练一些人、把他们派驻在几个地方、听命于几个指挥官并且不给他们捐赠，就是防范之策，也没有危险。

君王就像天上的星座，可以招致祸福，他们被人崇敬，但不得安宁。有关君王的所有箴言其实都包含在这两句总能让人想起的话里：记住你是个人；记住你是神或者神的代表。一句是约束他们权力的，另一句是约束他们的意志的。

# 二十
# 论谏言

人与人之间最大的信任就是对忠告的信任，因为在别的信任中，人们托付的是自己的部分生活，如自己的田地、物品、子女、信用以及一些个别事项，可对那些被他们当成自己的顾问的人，他们托付的却是自己的一切，由此便知，谏言者应该如何更加恪守诚信了。最聪明的君王也不用觉得，如果相信谏言就会有损自己的伟大或圆满功德。上帝自己都不能没有谏言，他还用谏言为他的圣子起了一个大名叫“规劝者”。所罗门也说过：“谏言中有稳定。”

凡事都有波动，或初动或次动，如果不把它们扔进忠告式的争论中，它们就会被抛到运气的波浪里，还会反复无常、进进退退，像醉汉那样踉踉跄跄。所罗门的儿子发现了谏言的力量，就像他的父亲洞见了谏言的必要性一样。上帝钟爱的那个国家最初是被不好的谏言分裂和破坏的，上天就此来告诫我们说：永远都能识别出哪个是不好的谏言的两个标志，就人来说，是年轻人的谏言；就事来说，是主张暴力的谏言。

古人用拟人化的方式阐述了谏言与君王之间的吸收、合并与不可分割以及君王该如何明智、慎重地采用谏言。一个比喻是，古人说朱庇特[①]的确娶了美狄丝（最初她是机智和计谋的女神，后来代表更广的智慧和沉思，在一切生物中为最聪明的，是智慧女神和女战神雅典娜的母亲），而美狄丝就是谏言。他们的意思是君权迎娶了谏言。另一个比喻讲的是接下来的事，古人说朱庇特娶了美狄丝之后，美狄丝怀了他的孩子，可他没等她生下孩子就把她吃了，这么一来，他自己就怀了孩子，并用自己的头生出了全副武装的帕拉斯[②]。

这个怪异的传说中隐含着一个君王该如何利用参政院的一个有关君权的奥秘。首先，君王们应该将事情提交参政院，这是最先的发起或者叫受孕。等到这些事情在参事们的肚子里被仔细揣摩、塑造和定型，变得成熟了，可以被提出来时，君王就不要让自己的参事来审查决议、制定决策了，好像非得仰仗他们不可似的，应该重新拿回这件事，让世人觉得所颁布的法令和最后的决策（因为它们都是被审慎而有力地提出的，所以很像全副武装的帕拉斯）都是由自己制定的，并

① 罗马神话中的神，是罗马统治希腊后将宙斯之名改为朱庇特——罗马神话中的主神。——译者注

② 就是雅典娜，智慧女神和正义战争女神。她出生时朱庇特头部剧烈疼痛，用大斧劈开后，雅典娜手持长枪、身披战甲从中跳出。——译者注

且不仅出自自己的权威，而且出自自己的头脑和手段（这会让他更有威望）。

现在谈谈谏言带来的麻烦及补救办法。被人提及的因征集并采纳谏言而带来的麻烦有三个，第一，事情让人知道了，机密也就少了；第二，会削弱君王的权威，好像他们自己的力量不够；第三，有被进谗言的危险，谏言者得到的好处比被谏言者多。鉴于这些麻烦，在某些君王当政期间，意大利就从教义上、法兰西则在实践中，引入了“内阁会议”制，一种比疾病本身还要糟的治疗方法。

说到机密，君王不需要把所有的事都传达给所有的参事，他可以选择。即使他问别人应该怎么做，也不必去宣布他将会做什么。但君王们要当心，不要自己泄露机密。至于内阁会议，“我满是漏洞”可以是它的座右铭，一个无用的以告密为荣的人会有更大的危害，即使很多人知道保密是自己的责任。有些事的确需要极为保密，除了君王本人，知道的人只有一两个。这种谏言不会不成功，因为除了保密之外，它们通常都能遵照一种主旨持续不断地阐发，不会偏离方向。但这样的君主必须是明君，他能自己做事。参与进来的参事们也得是聪明人，尤其是要忠于君王。英王亨利七世就是这样，在做最重大的事情时从不对别人透露机密，除了莫顿[①]和福克斯[②]。

说到削弱权威，那个传说已经表明补救方法了。交与参事会之后，君王的统治权不是减弱了，而是增强了，而且从来就没有君王被自己的参事会夺去他所依赖的东西的，除非某位参事影响过大，或有个极为秘密的群体，不过这些可以被很快发现并补救。

说到最后一个麻烦，人是会根据自己的利益谏言的。当然，“在地面上是找不到忠实的”[③]这句话指的是时间的本质，而不是所有具体的人。有的人就是天性忠实、真诚、质朴、率真，不狡猾，也不复杂，君王们首先要把这样的人吸引到自己身边。另外，参事们通常都不怎么团结，他们会一个盯着一个，所以，任何出于内斗或私心的谏言一般都会传到君王的耳朵里。但最好的补救方法还是君王要了解自己的参事，参事要懂得自己的君王。“君王最大的美德是要懂得他的臣下”。另一方面，参事们不要过多地揣测君王的内心。真正的谏言者能熟悉自己的主人的事务，而不是他的本性，这样他就会去劝导他，而不是迎合他。

---

① 当时的坎特伯雷大主教。——译者注

② 当时的威斯敏斯特教堂主教。——译者注

③ 出自《新约·路加福音》。——译者注

对君王来说，如果他既能分辨，又能一并听取谏言，就会产生奇效，因为私下谏言较为自由，当众谏言较为虔诚。私下里，人更敢凭自己的感觉说话；和一群人在一起时，人会受别人的好恶的影响。所以好的做法是采纳两种意见，最好能私下听取地位低的人的意见，以便让他们畅所欲言；对于地位高的人的谏言，最好是当众听取，这样可以让他们受人尊重。

对君王来说，只听取事方面的谏言而不听取人方面的谏言是没用的，因为这么一来，所有的事就像是死气沉沉的图像，而处理事情的那种生气是要依仗对人的择优选择的。通过人所处的社会阶层来了解他是哪种人、性格如何是不够的，这就像是在研究一种观点或进行数学求证。最大的错误和极佳的见解都在对人的选择上。“最好的顾问是死人”这话说得对，在顾问们回避的时候，书是会直言的。所以，熟悉、了解书是好事，特别是那些曾经亲身经历过的人写的书。

在今天，议事会不过就是普通会议，这种会是在谈论事而不是讨论事，而且会依据议事机构的命令或法令迅速进行。为了能引起重视，更好的做法是，头天提出，第二天讨论，所谓“夜晚生良言”。英格兰和苏格兰联盟委员会就是这么做的，那是个庄重、有序的联合体。我主张设立请愿日，这样既可以更重视请愿者，又可以让委员会腾出手来处理那些他们可以掌控的国事。为筹备议事会而选派委员会时，选择中立的人，比为了有个中立局面而把双方的立场坚定者都选进来的方法更好些。

我也赞成设立常务委员会，比如可以为贸易、财政、战争、诉讼以及一些职责设立这样的委员会。有几个某方面的议事机构，但却只有一个国务议事机构（西班牙就是这样），实际上就等于有了常务委员会，只是权力大了点儿。要让因其特殊职业（像律师、海员、铸币人等）而需通报议事机关的人先陈述给委员会听，然后在情况允许的条件下，再去见议事机关。他们也不能很多人一起去，或者带着古罗马保民官的派头去，因为那样就是在大闹议事机关，而不是去通报他们。长条桌还是方桌，座位是否靠墙，看似是形式上的事，其实却是实实在在的事，因为坐在长条桌上端的几个人实际上可以左右所有的事，而如果是另一种坐法，就会更多地采用坐在下端的谏言者的意见。君王在主持议事会议时应该注意，不要在自己的言论中过多地流露自己的个人倾向，否则议事人员就只会见风使舵，为他唱颂歌，而不会畅所欲言。

# 二十一
# 论拖延

时机就像集市，很多时候，如果你能多待一会儿，价钱就会落下来。不过，有时它也会像西比拉[①]开价卖书一样，先用全价卖整套书，然后一部分一部分地把书毁掉，但仍然索要全价。（正如常言所说，）时机把前额的一把头发摆在你面前你却不去抓，她就会换个秃头给你；或者说时机至少会先让你能拿到瓶子把儿，然后才是瓶子滚圆的身子，但却很难拿住。

的确没有比该开始时就开始更大的智慧了。曾被当做是小危险的危险不会再是小危险，骗人的危险也比逼人的危险大。不过，在危险还没临近就中途介入，比长期关注着危险的到来要好，因为如果一个人看得太久他就会觉得很怪，就会睡着的。另一方面，一个人也会被长长的影子骗了的（有些人就是在月亮很低、照在他们的敌人的背上时被骗的），以

① 西方传说中能预言未来的女巫。她曾作书九卷献给罗马王，罗马王因其索金太高而拒绝，西比拉烧掉三卷仍索原价，罗马王感到奇怪，读其书发现所预言之事极为重要，欲买其书，却已残缺不全。——译者注

至于会在时机未到时就开了枪。或者是另一个极端，就是早早地对着威胁自己的东西扣动扳机，把它们招过来。

正如我们所说，永远都要仔细掂量时机是否成熟，一般来说，最好把所有重大行动的开启托付给长着一百只眼的阿尔戈斯[①]，把收尾部分交给有一百只手的布里亚柔斯[②]，因为首先需要的是观察，然后就是快速执行。可以让从政之人隐形的普鲁托[③]之盔，就是议事时秘密、执行时迅速的东西。因为一旦事情到了执行阶段，任何秘密也比不上迅速。这就好像子弹在空气中的运动一样，它飞得太快了，你的眼睛根本跟不上它。

① 希腊神话人物。——译者注

② 希腊神话人物。——译者注

③ 罗马神话里的冥王，阴间的主宰。——译者注

# 二十二
# 论狡猾

我们把狡猾看成是邪恶或骗子式的聪明。狡猾之人和聪明人的确存在很大的差别，不仅在诚实上差别很大，在能力上差别也很大。有些人很会码牌，但却打不好，因而也就会有善于游说和拉帮结派但在其他方面却很差的人。不过，懂得人是一回事，懂得事则是另一回事，因为很多人非常擅于了解人的脾气，可真做起事来却不是特别能干。研究人多过研究书的人的体质就是这样的，这种人比较适合按常规做事，而不是出谋划策，而且他们只擅长做自己的那摊事儿，让他们去对付新人，他们就摸不着头脑了。

有个辨别蠢材和聪明人的老规矩：把他们两个脱光了送到陌生人面前，你就会知道谁聪明，谁愚蠢了。这是个极少见的适合他们的方法，因为狡猾的人就像卖小商品的小商贩一样，不妨把他们的店铺展示一下。狡猾的一个要点是，和人说话时要用眼睛侍候对方，就像耶稣会会士的戒律说的那样，因为很多聪明人都有一颗秘密的心和透明的脸。可这么做有时需要你谦恭地垂下双眼，耶稣会会士也这么做。狡猾的另一个要点是，如果你有需要立即办理的事，你要和与你打交道的那个人谈些别的，让他感兴趣，逗他笑，这样他就不会非常清醒地拒绝你了。我认识一位参事兼大臣，他从不会拿着需要签署的议案去见伊丽莎白女王，他会先把她引入一些国事的谈论中，这样她可能就不太在意那个议案了。能收到意外效果的举动还有，在对方匆忙时，不能停下来仔细考虑所提之事之际，向前推进此事。

如果一个人唯恐别人会漂亮、有效地做某件事而想取消这件事，那他就要假装预祝一切顺利，还要用可以阻止这件事的方式自己把这件事提出来。一个人正想说什么却停了下来，好像是在克制自己似的，这会让你对他更有兴趣，想知道更多的事情。从你那儿问出事情来比你主动说出事情来要好，所以，你可以通过表现出一副与平日不同的面孔来设下问题诱饵，目的是为了让别人有机会问你你为什么变了。就像尼希米[①]说的那样："在那之前，我从未在王的面前悲伤过。"

在难言的和令人不快的事情上，最好是让说话没什么分量的人来打破僵局，再换上说话有分量的人，好像他是偶然介入的一样，这么一来，他可能就会被问到对别人的说法怎

① 公元前 5 世纪希伯来领导者。——译者注

么看。纳尔西索斯[①]向克劳狄乌斯[②]通报梅莎丽娜[③]和西鲁斯的婚事时就是这么做的。

如果不想让人看出自己与某事有关，狡猾的做法是借助世人的名义，可以这么说："人家都说，或者，外面有种言论。"我认识一个人，他写信时愿意把最重要的事写进附言里，好像那是件顺便提到的事似的。我还认识一个人，他发言时会先略过他最想说的话而一直往下说，然后转回来说他想说的那件事，像是在说一件他差不多忘了的事一样。

有些人在想要说服某人时会在这人出现时装出吃惊的样子，就好像他是突然出现的一样。他们还会让这人发现自己拿着一封信，或者自己做了些自己不常做的事，最后，他们可能会被要求说出他们正想说的事。

还有一种狡猾，就是自己说出一些话，而这些话就是他想让另一个人往外说的，这样他就可以利用这一点了。我就知道这么两个人，他们在伊丽莎白女王时代同时竞争大臣职位，他们的关系不错，还互相商量这事。其中一个人说在"君主制衰落"的时候去当大臣是件棘手的事，所以，他没怎

① 侍臣。——译者注
② 罗马皇帝。——译者注
③ 情人无数的罗马皇后。——译者注

么动心。另一个人直接将这些话告知他的密友，说在“君主制衰落”的时候他没理由想当大臣。第一个人抓住了这点，还设法让女王知道了。女王听到“君主制衰落”，认为这话太不吉利了，此后她再也没听到过另一个人的恳求。

有一种狡猾，在英格兰我们叫“锅里翻猫”，就是说一个人对另一个人说的话，却被这个人当成是另一个人对自己说的话了。老实说，如果这事只发生在两个人之间，想要弄清他们之中是谁先说的并不容易。

有些人会用这种方法，就是飞快地瞥别人一眼，同时用否定的话来为自己辩解，比如会说“我不会这么做”。提格利努斯①对布尔胡斯（尼禄皇帝的太师）就是这么做的，他说他不会像布尔胡斯那样对反对派抱有希望，他只关心皇帝的安全。

有些人总是备着特别多的典故，好像可以含沙射影、旁敲侧击地暗示任何事似的。他们能把事情包起来放到典故里，这样既能让自己更安全，又能让别人更喜欢听。

还有一种方式很狡猾，就是用自己的话和主张形成自己想要的答复，这样对方就不会太犹豫了。

---

① 罗马帝国禁卫军长官。——译者注

有些人为了说出自己想说的话会等多长时间、会迂回多远，又会去推敲多少别的事情，是极不可思议的。这需要极大的耐心，但却很有用。

一个突然的、大胆的、出人意料的问题往往会让人很吃惊，还会让人敞开心扉。这就像一个改了名字的人正要走进圣保罗教堂，另一个人突然在他背后叫他的真名，他会马上回头去看一样。

这些细小的、微不足道的狡猾之道是无穷无尽的，把它们列举出来是件好事，因为没有比误以为狡猾之人就是智者更能危害一个国家的事了。有些人的确知道一些表面的事，但却不能沉入事情的核心部分，就像一所房子只有方便的楼梯和房门，但却没有漂亮的房间一样。所以，你可以看到，他们能在结论中找到一些微不足道的漏洞，但却不能细查或讨论事情。他们通常都能利用自己的无能，还会让人觉得他们是机智的。有些人靠欺凌别人和（像我们现在所说的）“在别人身上要花招”做事，而不是靠处理事务的可靠和公正做事。所罗门说过：“智者关注的是自己的每一步，愚者关注的是欺骗。”

# 二十三
# 论为自己打算

蚂蚁是一种为自己打算得很精的生物，但在果园或花园里，这就是一种奸诈了。很爱自己的人的确会损害公众，所以要理智地把自爱和社会分开，要真实地对待自己，就像对别人不能虚伪一样，特别是对自己的国君和国家。以自己为中心而行动的是一个不好的中心，那就成地球了，因为地球只会紧紧地靠在自己的中心上，而与天体密切相关的所有事物都会依别的事物的中心而动，并且使之受益①。

君主一切都以自己为中心是可以得到更多宽恕的，因为他们不仅仅是他们自己，他们的好坏还会危及公众的命运。而如果这种事出在臣仆或公民身上，就是极坏的事，因为不管什么事，只要过了这种人的手，他就会为了自己的利益而歪曲此事，而这必定需要经常违背其主人或国家的利益才行。因此，君王或国家应该选择没做过这种事的臣仆，除非只想让他们做帮忙的侍从。

---

① 通常认为完整的日心说是哥白尼在1543年发表的《天体运行论》中提出的，培根时代尚未盛行日心说。——译者注

任用这种人造成的更致命的后果是所有比例都会失调。臣仆的利益要放在主人的利益之前已经很不成体统了，可还有更极端的，就是臣仆为了自己的小利而不顾主人的大利。坏的官员、税吏、使节、将帅以及其他虚伪、腐败的臣仆就是这么做的，他们为了自己的饭碗、自己的蝇头小利和嫉妒心而心生偏见，破坏自己的主人的大事。而这种臣仆所得到的好处多半就是自己命中注定的那点儿利益，但他们为这点儿利益所付出的代价却是其主人无法避免的灾祸。极端自爱的人的天性的确如此，他们会为了给自己烤个鸡蛋吃而点着一所房子。可这些人往往很得主人的信任，因为他们会研究如何取悦主人，并从他们身上得到好处。无论为了其中的哪方面，他们都不会顾及主人的事所产生的好处。

为自己打算的做法有很多，但这种聪明却是邪恶和堕落之举。它是在房子倒塌之前一定要离开的老鼠式聪明，是赶走为它挖坑造穴的獾的狐狸式聪明，是在就要吞噬猎物之际流下眼泪的鳄鱼式聪明。尤其需要注意的是，那些旁若无人地只爱自己的人往往是不幸的。虽然他们永远都会为了自己而牺牲所有其他东西，最终还是会成为反复无常的命运的牺牲品，而他们原以为凭借为自己打算的聪明已经抓住了命运之翼了。

# 二十四
# 论革新

和一切生物在诞生之初都难看一样，所有的新生事物也是如此，它们是时间生出来的。尽管如此，就像最先带给家族荣誉的人通常都比大多数后人更可敬一样，最初的先例（如果它好的话）也是很难被模仿的。这是因为，人性中的"恶"是堕落的，但可以自然地运动，且在持续时最强；而人性中的"善"却是在被迫运动，且最强的时候是在一开始。每一种药无疑都是一个新生事物，不想采用新疗法的人就得准备着得新病。时间是最伟大的革新家，如果时间自然而然地把事物变糟糕，而智谋和忠告又不能把它们变得更好，那会是什么样的结果呢？

尽管不好，但依习俗而定的事至少是适宜的。长期并行不悖的事就像是彼此结成的同盟，而新、旧事物间却不能很好地契合。尽管新生事物有用，但却会因为自己的不协调而遇到麻烦。另外，它们就像外乡人一样，很受艳羡，但却不太讨人喜欢。如果时间是静止不动的，事情的确如此。可时间总在循环往复地转动着，所以固守习俗会和革新一样，成为引发混乱的事，那些过于尚古的人只能成为今人的笑柄。

因此，处于变革之中的人最好能以时间为榜样，因为它的确在进行重大革新，但却能以几乎察觉不到的量级，不动声色地推进。否则的话，无论什么新生事物，都不是人们想要的。革新可能会弥补一些人的损失，成全另一些人。受益者会认为这是运气，会感谢时间；受损者会认为这是个错误，会归咎于革新者。还有，除非迫切需要或者作用明显，否则，最好不要在国家中试行新政，而且还要注意，是改革带来变化，而不是想要变化，所以要装作实行改革。最后，虽然不要排斥新奇之事，但也要保留一份怀疑，还要按照《圣经》上说的那样去做，就是“我们要站在古道上环视四周，见到有笔直、正确的路就走上去”。

# 二十五
# 论迅速

故作迅速是干事业最大的危险之一，这就像是医生说的匆忙消化，肯定会让身体里充满没消化的食物和各种隐秘的病根。所以，不能用做事时间的长短来衡量是否迅速，而应该用事情的进展来衡量。这和赛跑一样，不是迈大步或高抬腿就能有速度。因此，在干事业时，要密切关注所做之事，而不要一次做太多，以求迅速。有的人只想表现出自己做事很快，或者虚构出一些阶段，因为他们想表现出自己是个做事迅速的人。可通过紧凑的步骤来缩短时间是一回事，通过去掉某些步骤来缩短时间则是另一回事。而通过开几次会来处理事情的事业通常都会以不稳定的方式反复进行。我认识一位智者，当他看到有人急着得出结论时总会说："稍等一会儿，我们可能会早点儿结束。"

另一方面，真正的迅速是很有价值的，因为时间是衡量事业的标准，就像金钱是衡量物品的标准一样。所以，如果做事不迅速，那干事业的代价就会很高。斯巴达人和西班牙人是有名的行动迟缓之人。"让我的死来自西班牙吧"，如果能这样的话，死亡一定会迟迟到来。

要认真倾听提供一手信息的人怎么说。还有就是，宁可在他们开始说之前指醒他们主要的谈话内容，也不要在他们连续说话时打断他们，因为如果脱离了自己的说话顺序，他们就会反复说。而且，当他们在思考该说什么而不是顺着自己的思路说下去的时候，会更令人乏味甚至心生厌烦。有些时候，主持人会比发言人更讨厌。

反复地说通常是时间上的一种损失，可再也没有比经常重复问题的性质更能节省时间的了，因为这能把很多没有意义的话在就要脱口而出时赶走。又长又稀奇的讲话适合采用迅速的方式，就像带有长拖裾的袍子或斗篷不适合赛跑一样。开场白、过渡语、原因解释以及其他介绍一个人的话，都是非常浪费时间的，尽管这些行为看上去像是在表示谦逊，其实是在炫耀华丽的场面。但要注意，当有人反对或阻挠你的个人意愿时，不要太过直接，因为先入为主的心智从来都需要开场白，就像要通过热敷来让药膏进入身体一样。

在所有的行为中，次序、划分和选择是迅速之本，只要不划分得太微妙就行，因为不会划分的人永远都不会很好地介入事情，而划分过度的人又永远不会把事办成功。选择时间就是在节省时间，而不合时宜的举动不过是在白费力气。做事情包括三个部分：准备、讨论或审查以及完成。如果你想迅速点儿，那就要在中间的部分让很多人做，第一和最后的部分让少数人做。先把设想写下来，再对其进行讨论，多半有助于迅速完成工作，因为即使被完全否决了，这种否定也比无限期的不明确有方向可循，就好像灰烬比灰尘更具生产力一样。

## 二十六
# 论小聪明

一直都有一种看法，就是法国人实际上比他们看上去聪明，西班牙人则是看上去比实际上聪明。不管这两个国家之间究竟是怎样的，人和人之间倒真是这样，就像圣保罗说的："表面虔诚，却不接受虔诚的力量。"就智慧和能力全面来说，有人的确不像或很少像外表那么庄重，他们费很大的力气却只能干些小事。有识之士看到形式主义者所用的手段，是如何让表面的东西看起来像既有深度又有体量的实体，会觉得很可笑，并认为这事适合写篇讽刺文章。有些人很隐秘、很矜持，好像只有在暗处才能把他们的玩意儿拿出来给人看似的，似乎还总是有所保留。当他们心里明白他们并不十分了解自己要说的事情时，仍然会让别人觉得他们对自己可能说不好的事还是很了解的。

有些人会借助表情和动作，他们的聪明靠姿势。西塞罗就是这么说皮索[①]的，当皮索应答西塞罗时，他会把一条眉

---

① 罗马执政官。——译者注

毛挑到额头，把另一条弯至下巴："你一边把一条眉毛抬至额头，把另一条弯至下巴，一边回答说你不是热爱残酷的人。"有些人以为说话时用大词儿、语气专横、滔滔不绝、硬是认可自己不能证实的事，就可以成为智者。有些人对任何他们无法理解的事都会摆出一副看不起的样子，或者以不着边际或稀奇古怪为由来鄙视，这么一来，他们的无知就可以貌似有见识了。

有些人永远都会有不同的见解，他们通常都会用微妙的方式逗人开心，以此来回避问题。格利乌斯[①]说这种人是"用微不足道的、言语上的巧妙毁掉重大实情的疯子"。柏拉图也在《对话录》的"普罗塔哥拉篇"中借普罗迪科斯[②]来嘲笑这种人，他让普罗迪科斯讲了一番，这番话从头到尾都是异议。一般来说，这种人在任何讨论中都喜欢站在否定的一方，他们希望能凭借反对和预言困难得个好名声。因为提案一旦被否决，一切就都结束了；而如果通过了，就需要做新的工作了。这种小聪明是事情的祸根。

总之，没有一个生意萧条的商人或已经一贫如洗的人会

① 古罗马作家。——译者注

② 古希腊哲学家、文法家、修辞家、怀疑主义者，苏格拉底的导师之一，也是诡辩学派的代表人物之一。——译者注

和这些没有内涵的人维护自己富有才华的名声一样，用那么多的诡计来维持自己依然富有的名声。小聪明的人可能会为了得到认可而有所改变，但最好不要雇用他们，因为，为了做事，找个有点儿荒唐的人也比找个过于看重外表的人强。

# 二十七
# 论友谊

“喜欢孤独的人不是野兽就是神灵”，让说这话的人再说出别的能把真理和谎言一同放进寥寥数语中的话会很难，因为，如果一个人有一种天生的、隐秘的对社会的憎恶感，他是带点儿兽性的，这话很真实，但说他应该还带点儿神性就不真实了，他孤独除非不是由于喜欢孤独，而是为了进行更高层次的对话而渴望与世隔绝。一些异教徒曾冒充过这种人，比如克里特岛的哲学家埃庇米尼得斯、罗马皇帝努马、西西里人恩培多克勒[①]、蒂亚纳人阿波罗·尼奥斯[②]，而在古时的隐士和教堂里的教父中则确实有这样的人。

一般人并不知道什么是孤独和孤独的范畴。在没有爱的地方，有一群人并不算有伴儿，那一张张面孔只是画廊里的图片，交谈不过是打击乐器在叮当作响。这句拉丁谚语说得有点儿确切：“大城市意味着大孤独。”因为在大城市里，朋友都是分散居住的，多半没有小城市中的那种交情。我们可

① 古希腊人，生于西西里，哲学家、思想家、科学家、政治家。——译者注
② 古希腊几何学家。——译者注

以再进一步，而且是极为肯定地说，纯粹的、令人痛苦的孤独是没有真正的朋友的那种孤独。没有它，整个世界就是一片荒野。甚至还可以从这个意义上来说孤独，就是，只要他的天性和情感不适合交友，那他的性情就来自兽类，而不是人类。

友谊的主要作用就是可以让人减少和释放心中积满和膨胀的东西。任何一种激情都能引发和产生这种东西。我们都知道停滞和憋闷的病对身体是最危险的，在精神上也没什么大不同。我们可以吃撒尔沙[①]以保肝；吃含铁物以健脾；吃硫华[②]以润肺；吃海狸香以补脑，但却没有可以打开心扉的药，除了一个真正的朋友。你可以以一种宗教之外的忏悔或坦白的方式对他袒露你的悲伤、喜悦、恐惧、希望、怀疑和建议以及任何横在你心上的让你意志消沉的事。

看到伟大的君主和帝王是那么重视我们所说的友谊的这个作用会让人奇怪的。他们太重视了，以至于常常会不顾自己的安全和伟大去换得这样的友谊。对君王来说，由于在财富、地位上和臣民有距离，所以他们是不能收获友谊的果实的，除非他们（为了让自己能获得友谊）提拔某些人，让其

① 从撒尔沙根中提取的药。——译者注

② 现代火山区和高温热水活动区的喷气孔内壁和口垣上的针状或粒状硫磺晶体聚积所形成的物质。——译者注

能陪伴自己，地位也几乎与自己相当。可这往往会造成一些不便。现代语言给这样的人起了个名字叫“宠臣”或“心腹”，好像这是有关君王的恩泽或交往的事。只有罗马人起的名字才说出了这种人的真正用途和提拔他们的原因，他们叫他们“伙伴”，因为把他们连在一起的就是这个。显然，会这么做的不仅仅是愚钝和狂热的君王，最有智有谋的君王往往也会让臣下加入自己的阵营，以友相称，并让别人也用同样的方式称呼他们，使用私人之间才会用的字眼。

苏拉[①]统治罗马时把庞培[②]提拔得很高，以至于庞培会自我吹嘘说自己太配得上苏拉了。有一次，他想让他的朋友担任执政官，反对苏拉推举的人，苏拉有些愤怒，开始大声争吵，庞培就针锋相对，说“崇拜日出的人要多过崇拜日落的人”，其实就是命令他别说话。

恺撒也让布鲁图斯[③]得到了这种好处，因为他在遗嘱中把布鲁图斯列为排在他的侄子之后的继承人。可这个人就是有能力把他置于死地的人，因为当恺撒出于一些不好的预感，特别是有关卡尔普尼亚[④]的一个梦，想解散元老院时，布鲁

① 公元前一世纪罗马独裁者。——译者注

② 古罗马军事家、政治家，曾被称为“伟大的”。——译者注

③ 古罗马政治家和将军，图谋暗杀恺撒。——译者注

④ 恺撒之妻。——译者注

图斯把他轻轻地从椅子上扶起来，对他说他希望他先不要解散元老院，等他的妻子做个好梦后再解散。布鲁图斯好像特别招人喜欢，安东尼在一封信里（西塞罗曾在一次反驳演说中一字不落地吟诵过这封信）叫布鲁图斯“巫师”，好像他用魔法迷惑了恺撒似的。

奥古斯都[①]把出身微贱的阿格里帕抬得很高，以至于当他向梅塞纳斯[②]征求关于自己女儿的婚事的意见时，梅塞纳斯竟放肆地对他说：“你必须把女儿嫁给阿格里帕，否则就杀了他，没有第三条路，因为你已经把阿格里帕造就得非常伟大了。”

在提比略的帮助下，西亚努斯[③]也升到了很高的位置，这让他们两个既被称作也被认为是一对朋友。提比略在给西亚努斯的一封信里写道：“出于你我的友情，我没有隐瞒这些事。”整个元老院为友谊建造了一座祭坛，就像对女神一样，以此来颂扬他俩之间的那份情真意切的友谊。类似的或者说更甚的还有赛维鲁[④]和普劳提安[⑤]的例子。赛维鲁逼着自己

① 罗马皇帝。——译者注

② 奥古斯都的谋臣，著名的外交家，还是诗人、艺术家的保护人。诗人维吉尔和贺拉斯都曾蒙他提携。他的名字在西方被认为是文学艺术赞助者的代名词。——译者注

③ 古罗马政治家。——译者注

④ 罗马皇帝。——译者注

⑤ 古罗马将军。——译者注

的长子娶普劳提安的女儿，并经常在普劳提安冒犯自己儿子时支持普劳提安。他还在给元老院的信中写了这样的话："我太爱这个人了，希望他比我长寿。"

如果这些君王都和图拉真[1]或马克·奥勒留[2]一样，那我们可以认为这都出自他们充满善心的天性。可这些君王都是些很有智慧的人，内心强大，为人严厉，还极为自爱。这些十分清楚地说明了，虽然他们已经得到了尘世间可以得到的最大幸福，但却觉得那只是一半的幸福，只有朋友才可以让自己的幸福圆满。这些君王也都有妻子、儿子和外甥、侄子，可所有这些都不能给他们带来友谊所提供的那种舒适感。

不要忘了康明纽斯是怎么评论他的第一个主人"勇敢的"查理公爵的。他说公爵不会把自己的秘密告诉任何人，至少绝不会把最让他心烦的秘密告诉别人。他接着又说，在公爵最后的日子里，他这种严守秘密的习性确实削弱了他的理解力，还让他有点儿麻木。如果康明纽斯乐意的话，一定会对他的第二位主人——路易十一做同样的评论，因为路易十一严守秘密的习性确实是折磨他的东西。毕达哥拉斯的格言神秘但却是真的："别吃自己的心。"的确，如果说得重一点儿，

---

① 罗马皇帝。——译者注

② 著名的"帝王哲学家"。——译者注

没有朋友可以倾诉心声的人就是吃自己心的食人者。

有件事太让人叹服了（我就用它来结束有关友谊的第一个作用的论述），就是对朋友说自己的事可以产生两个相反的作用，它可以使欢乐倍增，可以让忧愁减半。因为任何一个把自己的乐事告诉朋友的人都会更快乐；任何一个把自己的愁事告诉朋友的人都会少些忧愁。所以，就友谊对人心所产生的实际作用来说，其价值和炼金术士认为的宝石对人的身体的价值一样，尽管所起的作用都相反，但却都有利于天性。而即使不乞求炼金术士的帮助，普通的自然现象中也能显现出这幅图景，因为对物体来说，聚合在一起就能增强和滋养任何自然活动；另一方面，也可以削弱和减缓任何猛烈的打击。物体如此，人心也如此。

友谊的第二个作用就是它有益于心理健康，可以让人掌控理智。和它的第一个作用有益于情感一样。友谊既可以将人的情感从狂风暴雨中带到晴空万里下，又可以把人的理智从模糊不清中引入清晰明了里。这并不是说一个人只能从自己的朋友那儿才能得到忠言。在听到这样的话之前，任何一个思虑过多的人，只要他会和别人去交谈、探讨，他的心智一定会清朗，理解力也会迸发出来。他能更随意地思考、更有序地排列自己的思想，还知道自己的思想转化成语言是个什么样子。他变得比原本的自己更聪明了。想做到这点，一个小时的交谈比一天的沉思更有效。特米斯托克力[①]对波斯王说得好："演说和展开的挂毯一样，意象会显现在图案中，而思想却和卷着的挂毯一样。"

友谊的第二个开启理解力的作用并不仅限于那些能进忠言的朋友（他们的确是最好的朋友），即使没有这样的朋友，一个人也能自己学，把自己的思想带到高处，像对着石头磨一样来磨砺自己的才智，不磨就切不了东西。一句话，对一个人来说，让自己和一尊像或一幅画联系上也比让自己的思想窒息要好。

为了让友谊的第二个作用很完整，现在要再说说那个更公开的一般人都注意到的有关朋友忠告的话题。赫拉克利特在他的一个难解之谜中说得好："干[②]、光永远是最好的。"的确如此，这种光，就是一个人从另一个人那儿得到的劝告，比通过自己的理解和判断得出的结论要更实在、更纯粹，因为自己的结论中注入了自己的情感和习性。所以，朋友的忠告与自我见解之间的差别之大，和良言与奉承之间的差别之多是一样的，因为没有比自己还能奉承自己的奉承者，也没

---

① 古希腊杰出的政治家、军事家。——译者注

② 干湿的干。——译者注

有比朋友的直言还能抵御奉承的办法。

忠告分两类，一类关于做事方式，另一类关于事情本身。说到第一类忠告，最能保持精神健康的预防药物就是朋友由衷的告诫。严格要求自己是一剂药，有时会太严苛、太具杀伤力；读好的伦理书又有点儿枯燥乏味；在别人身上发现自己的错误有时又和自己的情形不符。最好的药方（我指的是最奏效和最易采用的方法）就是朋友的劝诫。很多人（特别是伟大的人）就是因为没有朋友的告诫才会犯荒谬至极的严重错误，自己的名誉和命运也因此遭受了重大损失，这看起来像件怪事。就像圣雅各说的，他们“有时会去照镜子，而且很快就会忘了自己的身材和相貌”。

说到做事，一个人可能会认为，两只眼睛看到的并不比一只眼睛多；当局者总比旁观者更明白；发怒的人和默念 24 个字母后再说的人一样聪明；用胳膊托着放火枪可以和搁在支撑物上放一样好。他还可以有很多其他的认为自己就是一切的盲目和骄傲的妄想。但试过了一切之后会发现，最能把事做正确的方法还是借助忠言。如果有人觉得自己会听忠告，但却会分开采纳，就是在这件事上听这个人的，在另一件事上听另一个人的，这样也是好的（就是说比他谁也不问可能要好）。可他要冒两种风险，一是他会得不到忠实的进言，因为得到忠言的情况极少，除非它来自一个完全真心的朋友，否则就会是进言者为达到某些目的说的恭维和骗人的话；另一个危险是，他会得到既有害又不安全的进言（尽管是好意），里面既有有害的东西又有解除方法。这就好比你请了一位医生，虽然他被认为是很会治你的病的医生，但却不熟悉你的体质，所以他也许只是在治你现在的病，在别的方面却是在损害你的健康，结果是治好了病还杀了病人。而完全了解一个人的老底儿的朋友，则会在帮助他推进目前的事业的同时，留意他会不会有其他麻烦。所以说，不要借助零零散散的忠告，它们会让你分心、会误导你，而不是让你安心、引导你。

跟在友谊这两个高贵的作用后面的是友谊的最后一个作用。它像石榴一样，里面有很多核，我的意思是，它对所有的行动和场合都有帮助、都有影响。这儿有一个可以把友谊的多种作用生动地展现出来的最好办法，就是去计算一下，看看一个人有多少事是靠自己办不到的，之后就会知道古人说的“朋友就是另一个自己”的话好像有所欠缺，因为朋友的作用远大于自己的。人的生命有限，很多人都是在没有完成自己的最大心愿，如赠送孩子东西，完成某项工作或类似的事之前就会死去。如果一个人有一位真正的朋友，他几乎就可以安心了，因为在他死后这些事仍有人接着关照。如此一来，在完成心愿方面，一个人好像就有两条命了。

一个人有一个身体，这个身体被限定在一个地方，而如果那儿有友谊，他的所有人生大事应该说就交给了他和他的代理人了，因为他可以让他的朋友来办。多少事都是因为面子上要好看所以自己不能说或不能做的啊！一个人会谦逊地极少宣称自己的功绩，更不会赞颂它们，有时也不能忍着去祈求什么，还有很多类似的事。但所有这些事在朋友的嘴里就是得体、优雅的，在自己嘴里就是让人脸红的。再者，一个人还有很多自己无法脱离的正式关系，对儿子说话就不能不以父亲的身份；对妻子说话就不能不以丈夫的身份；对仇敌说话就不能不按条款说。可朋友就可以就事论事，而不用对照人分门别类地说。要是一一列举这些事就说不完了，我给出的规则是，如果一个人没有朋友，他就可以退出舞台了。

# 二十八
# 论花钱

钱是用来花的，花钱则是为了荣誉和善举。所以，特别的花费必须依其原因的价值而定。为了自己的国家和为了天国一样，都可以让一个人自愿地倾其所有。一般的花费则应该根据一个人的财产而定，要据此管理，让花费不超出自己的财产范围，而且不要因为仆役的欺骗和恶习而花钱。还得看上去最好，就是说账单会比别人估计得要少。的确，如果一个人只想收支平衡，他的日常花费应该只是他的收入的一半；如果他想富有些，就只能花三分之一的钱了。

对大人物来说，屈尊检点自己的财产不是卑贱的事。有些人忍着不这么做，这不只是因为他们粗心大意，还有怕发现自己已经破产而郁郁寡欢的原因。可是，不检查伤口就不能治愈。对根本不会清点自己的财产的人来说，他极需要用人得当，还得经常换人，因为新人更胆小，也没那么狡猾。对于会清点自己的财产但却很少这么做的人来说，应该把所有的数目弄清楚。

一个人如果在某一项上花费很多，就需要在别的项目上节省。比如，如果他在饮食上花费多，那就该在穿衣上节省；如果在居住上花费大，那就该在养马上节省……诸如此类，因为在所有地方都花很多钱的人很难不衰败。

在清偿自己的债务时，如果办得很急，就会和拖得很长一样伤害自己，因为仓促地变卖通常都是有利有弊的。另外，立即还清债务会让人再走回老路，因为一旦脱离了困境，他就会恢复以往的习惯。而一点一点地还清债务的人会养成节俭的习惯，他在心理和财产上都会受益。当然，需要修复财务状况的人不该看不上小事，一般来说，节省零星的花费比卑躬屈膝地索要一点点小钱要体面些。对一旦开始就会持续下去的那种花费，一个人应该慎重开始；而对没有下一次的花费则可以大方些。

# 二十九
# 论王国和基业真正伟大之处

雅典人地米斯托克利的话因为过于归功自己所以是骄傲自大的，而用在别人身上，就是郑重而明智的评论了。在一次宴会上，有人想请他弹鲁特琴，他说他不会弄琴，但能把一个小集镇变成一个大城邦。（借用了隐喻的）这番话或许就表达了治国理政者两种不同的能力，因为，如果真的考察一下参事和官员，有可能会发现（尽管很少）能把小国变成大国但却不会弄琴的人。另一方面，还会发现，很多琴弹得精妙的人却极不具备将小国变成大国的能力，因为他们的天赋正相反，他们是把伟大和昌盛之国带入腐朽和毁灭之中的人。

很多参事和官员都有既能对上争宠又受世俗尊敬的退化了的技艺，也的确只配叫“弄琴的”。这些技艺只是让人一时高兴的东西，也只对他们自己是件雅事，对他们效忠的国家的福祉和进步则不是这样。（毫无疑问）也会有可以称得上是能干（名实相符）的参事和官员，他们能管理事务，不会让事情陷入绝境，引起显而易见的麻烦。尽管如此，要想提升和增强国家的权力、财富及国运的水平，他们的能力还远远不够。

不说他们这些做事的人是什么样子了，我们来说说事情本身，就是王国和基业的真正伟大之处以及想做到这些的方法。这是一个适合伟大和强大的君王随时考虑的主题，目的是不要让他们因高估自己的力量而介入没有结果的事业；另一方面，也不要让他们因低估自己而屈尊接受恐惧、胆怯的谏言。

以体量、范围来算的基业的大小是可以衡量的，其财政收入也是可以计算的。人口数可以从花名册上看出；城镇的数量和大小可以从明信片和地图上看出。然而，在所有的国内事务中，最容易出错的莫过于对国家的权力和实力的正确评估与真实判断。耶稣并没有把天国比作那颗硕大的果核或坚果，但却比作了芥菜籽。它是一种最小的种子，可却有一种快速长大并到处生长的特性和精髓。国家也是这样，有些国家地域辽阔，但却不易扩张或控制别国；有些国家面积很小，但却能构建起强大的帝国的基础。

坚固的城池，满是弹药的军火库，众多的赛马、战车、巨象、大炮以及诸如此类的东西，都不过是披着狮子皮的绵羊，除非人民的血统和性情是勇敢、坚定且好战的。如果人民缺乏勇气，士兵数目（本身）的多少就没那么重要，因为

（就像维吉尔说的），“一只狼从不介意有多少只羊”。

在埃尔比勒[①]平原上，波斯军队就像人海一样，连亚历山大的军队的将领都有点儿吃惊。于是他们去见亚历山大，希望他允许他们在夜间进攻，可亚历山大说他不会偷取胜利，最后，他轻松地取胜了。当亚美尼亚王提格拉尼率四十万大军驻扎在一座小山上时，发现向他进攻的罗马军队不过一万四千人，他很高兴，并说：“那边的人要是都作使节就会太多，都打仗就会太少。”可日落前他就发现了，这些人足以凭借无休止的猛烈攻击赶走他们。

人数和勇气之间发生的这种非常怪异的事还有很多。所以，一个人完全可以这样断定：任何一个志在伟大的国家，其原则就是要有一个善战的民族。然而，如果卑贱、柔弱的民众中的男人们的手臂肌肉萎缩了，那么金钱就不会是战争的肌肉（一般都说金钱是战争的肌肉）。（当克罗伊斯向梭伦炫耀自己的黄金时，）梭伦[②]对克罗伊斯[③]说得好：“陛下，如果有人拥有比你更好的铁，那他就会成为所有这些黄金的主人。”所以，任何一个君王或国家都要对自己的实力有清醒的认识，除非他的由国民组成的军队素质良好、作战勇敢。

---

① 位于现在伊拉克北部的亚述古城。——译者注

② 古雅典政治家和立法家。——译者注

③ 里底亚最后一代国王，以财富甚多闻名。——译者注

另一方面，拥有天性尚武的臣民的君王，也要了解自己的实力，除非臣民们缺少其他东西。（这时雇佣军就派上用场了）所有事例都表明，无论国家或君王多么依仗雇佣军，“也只是一时张开他的这些羽翼，不久，他们就会让他叫唤的”。

犹大和以萨迦[①]的福气永远都不会相遇，就是说，同一群民众或同一个民族不会既是小狮子又是负重的驴，而税负在身的人也不会成为勇敢、好战的人。的确，全国一致同意下的征税会让男人的勇气丢得少些，荷兰尤其如此。在某种程度上，英格兰的补贴税也是这样。必须注意的是，我们现在说的是心的问题，不是钱袋子的问题。因此，尽管都是贡献和交税，不管是一致同意下的还是强征的，对钱袋子来说都是一样的，但对民众的勇气来说就不同了。所以你可以断定，被过度征税的民众与帝国不匹配。

志在伟大的国家要注意，不要让自己的贵族和绅士阶层繁殖得过快，因为这会让平民变成农民和乡野村夫，让他们心智游离，实际上只是绅士的仆役。这就像你会在灌木丛中看到的情形一样，如果你把幼苗留得过密，就永远也不会有一片清爽的丛林，有的只是杂乱、低矮的灌木丛。国家也是这样，如果有身份、地位的人过多，普通人就会是卑微的人。

---

① 圣经人物。——译者注

于是，事情就变成了这样，就是一百个脑袋中没有一个适合戴头盔的，作为军队中枢的步兵尤其如此。这么一来，这个国家就会人口多，但力量小。

最能让人看清我说的这点的方法是比较一下英格兰和法兰西。对英格兰来说，尽管在疆土面积和人口数量上远不及法兰西，但却赛得过对手。英格兰的中层民众可以成为好士兵，但法兰西的农民却不行。这里就要说英王亨利七世的手段（我在《他的一生》一书中详细说过）是意义深远、令人钦佩的了，他给农庄田舍制定了标准，就是在这些东西上要保有一部分土地，这样就可以长出东西来让人富足地生活，不至于沦为奴仆。他还让耕地的人成了田地的主人，而不只是被雇来的人。于是你的国家就真的有了维吉尔所形容的古意大利的特征：

一块军队庞大、土地肥沃的土地。

那种情形（据我所知几乎是英国特有的，别的地方很难找到，波兰可能会有）也不能忽视，我指的是为贵族和绅士服务的仆役和侍者是自由人，打起仗来他们一点也不比自由民差。所以，毫无疑问，一旦贵族和绅士们的光彩夺目和富丽堂皇、盛大排场和隆重招待成了风气，则有利于国家的武力强盛；反之，如果贵族和绅士们活得既闭塞又内敛，那军力就会匮乏。

一定要让尼布甲尼撒[①]梦中的君主制之树的树干粗壮得足以承受所有枝叶。就是说国王或国家原本就有的臣民，与他们治理下的外国臣民相比要占足够多的比例。因此，任何会开明地同化外国人的国家都适合成为帝国。一小撮人是可以凭借世间最大的勇气和最好的策略，将超大范围的疆土揽入怀中的，但却只能坚持一段时间，它会突然衰败。斯巴达人在归化外族时过于细致了，这么一来，当他们坚守自己的地盘时，其基业会很稳固；可一旦向外扩张，他们获取的东西相对于他们的树干来说就会变得太大，于是就会像风吹落的果子一样突然倒下。

在这点上，没有一个国家会像罗马人那样那么开明地让外族人融入自己。他们也得到了相应的结局，因为他们成了最伟大的君主国。他们的方式是给予入籍资格（他们叫公民权），还会最大限度地给予，只是不仅给予经商权、婚娶权和继承权，还会给予选举权和担任公职的权利。而这些不是只对单个人的，对一个家族也一样。是的，对全城的人如此，有时还会对整个国家。加上他们喜欢打造殖民地的习惯，这

① 古巴比伦国王，他攻占过耶路撒冷，建造了空中花园。——译者注

样，罗马人这棵植物就被移植到其他民族的土壤中去了。把这两种制度合在一起，你会说，不是罗马人扩张到全世界，而是全世界扩张到罗马。

这确实是大国之道。我曾对西班牙感到惊奇，他们是怎么用那么少的土生土长的西班牙人紧紧守住那么大的领地的。但可以肯定的是，整个西班牙本土是一根非常粗大的树干，远在最初的罗马和斯巴达之上。此外，尽管没有采用开明的归化方式，但他们也使用了次之的方法，就是在军队的普通士兵中几乎没有民族差异，在最高将领中有时也是这样。此时的他们好像意识到了自己的国民人口不足，因为从当时出台的务实措施来看是这样的。

需要坐着且要在室内完成的工艺和精工细作（需要的是灵巧的手指，而不是强壮的臂膀）确实在本质上就与好战的性情相反。一般来说，所有喜欢打仗的人都有点儿游手好闲，他们爱危险多过爱劳作。如果想让他们总是活力十足，就一定不能对这些改得太多。古时的斯巴达、雅典、罗马以及其他国家有一个很有利的地方，就是都会让奴隶来从事那些精工细作的事。但基督教已经废除了奴隶制中的绝大部分，这就引出了与奴隶制最接近的做法，就是把那些工艺主要留给外族人去做（这也让他们更容易被接纳），还会让普通本国人中的大部分人只从事三种工作：种地的，自由的仆役以及需要力气的手工艺人，如铁匠、泥瓦匠、木匠等等，专职士兵不算在内。

但是，要想成为帝国、要想国家强大，最重要的是国家要公开表明军事是国家主要的荣誉、学习的对象和职业。我前面讲的那些不过是有关军事的哲学，而如果没有军事意图和行动，军事哲学算什么？罗穆卢斯[①]死后（根据传说或虚构）给罗马人送了一份礼物，告诉他们最重要的是要有军事意图，这样他们就会成为世上最强大的帝国；斯巴达的城邦结构完全（尽管不聪明）是按军事范围和军事目的构建的；波斯人和马其顿人这么做过一阵子；高卢人、日耳曼人、哥特人、撒克逊人、诺曼人以及其他民族也都在一段时间内这么做过；土耳其现在还这样，尽管已经大不如前。可实际上，在信基督教的欧洲，只有西班牙是这样的。

每个人的收获都来自他最用心的地方，这个道理太明显了，用不着去主张，指出这点就够了，就是不直接宣称崇尚武力的国家就不要指望自己可以轻轻松松地强大起来。另一方面，那些长期尚武的国家（就像罗马人和土耳其主要做的那样）则会成就奇迹，这是时间给出的最确定的神谕。那些

① 战神之子。——译者注

只在某个时期尚武的国家一般都能在那个时期变得强大，很久以后，当他们的尚武精神和军事训练日渐衰退时，那时的强大仍能支撑他们。

这一点附带的东西是，一个国家要有一些可以让他们有理由（做个借口）开战的法律或习俗。有种公正是铭刻在人性中的，所以除非有开战的理由，至少也要有些似是而非的原因和理由，否则人们是不会卷入战争的（那将招致非常多的灾祸）。为了开战，土耳其以传播宗教为理由，这可以让它随时利用。尽管在开疆拓土的大业完成之后将这份巨大荣耀给了他们的将帅，但罗马人从来都没有只以开疆拓土为由发动战争。因此，自称想要强大的国家首先要对不义之举很敏感，这种举动可以是针对边界和本国商人的，也可以是针对公使的，而且不能对挑衅沉默得太久。其次，要做好随时为盟国提供帮助的准备，就像罗马人一直做的样，如果盟国也与其他国家缔结了防御联盟，当敌人来犯，盟国分别恳请援助时，罗马人总是第一个到，不让其他任何国家有这种荣耀。至于古时为了某个党派或心照不宣的财产问题而发动的战争，我看不出它们多么有理，如罗马人为了希腊的自由而战；斯巴达人和雅典人为建立或颠覆民主政治和寡头政治而战；或者是由别国发动的战争，他们以公正或保护为名，向其他国家灌输解除专制和压迫的观念；还有其他类似的战争。总之，没有正当理由就动兵的国家就别指望强大了。

不论是自然机体还是政体，不锻炼就不会健康。对王国或共和国来说，一场合法的、光荣的战争的确是一次真正的锻炼。内战的确像发烧时的那种热，但对外开战却像是锻炼时的那种热，它会让身体健康，因为在懒散的和平气氛中，勇气会变弱、作风会腐化。无论这对幸福意味着什么，对国家的强大来说，它是一定会让绝大部分军力死气沉沉的。而总是行动着的久经沙场的军力（尽管是一笔花钱的买卖），则是一股可以借此在所有邻国中发号施令且至少也能获得声望的力量。西班牙就是一个很好的例子，它在各处都有一支老练的队伍，几乎没断过，距今已经120年了。

成为海上霸主是实现君主统治的捷径。西塞罗在写给阿提库斯[①]的信中就庞培针对恺撒的军事准备说过："庞培实行的是真正的米斯托力[②]政策，他认为谁能称霸海上，谁就能称霸世界。"而且毫无疑问，如果不是因为自负而没有采用这个策略，庞培会让恺撒筋疲力尽的。我们都看到了海战产生的巨大影响，亚克兴[③]之战决定了谁是帝国；勒

① 古罗马著名学者和大藏书家 。——译者注

② 古希腊杰出的政治家、军事家。——译者注

③ 希腊地名。——译者注

班陀[1]之战抑制了土耳其的扩张。海战成为决战的例子有很多，这是君主或国家把一切押在海战上的结果。有一点是非常确定的，就是称霸海上的国家都很自由，可以按自己的意愿多开战或少开战，而陆上最强大的国家却往往处境窘迫 。今天，在我们欧洲，海上的优势（是大英帝国的主要陪嫁之一）很大，一是因为大多数欧洲王国不是纯粹的内陆国，其边界大部分临海；二是因为在很大程度上，东、西印度的财富只附属于海上霸权。

就古时的战争给人带来的荣耀来说，后来的战争就像是在黑暗中进行的一样。现在的骑士制度分了等级，为的是鼓舞士气，可却胡乱地颁发给了军人和不是军人的人。一些标牌上可能刻有某些缅怀的话，也有为伤残军人开设的医院，还有其他类似的事。而在古时，那些在战胜地立起的胜利纪念碑、为战争中阵亡将士致的悼词和树的丰碑、献给个人的花冠和花环、后来被世上伟大的君王们借鉴的皇家气派、将军凯旋时的胜利庆典以及军队解散时收到的巨额捐赠与奖赏，都是能激起所有人的勇气的东西。

对罗马人来说，最重要的是，凯旋仪式不是盛装庆典和华丽的服饰，而是他们曾有过的最聪明和最高尚的制度之一，

---

① 希腊地名。——译者注

将帅的荣耀、从战利品而来的国库的财富、对军队的捐赠。但这种荣耀并不适合君主国，除非把它给予君主本人或他的儿子们，就像罗马皇帝统治时期做的那样，自己打了胜仗就会让自己和儿子们主办凯旋仪式；臣子们打了胜仗就会把庆功的服饰和勋章送给将帅们。

总之，（如《圣经》所言，）没人能靠小心照料就让人体这个小模型增加一肘的高度，可对王国和共和国的庞大架构来说，君主或执政官却能让他们的王国和疆域强大、广阔。因为，如果推行了我们谈过的仪式、章程和习俗，他们就可以为他们的后代和继位者播下强大的种子。可一般没人注意这些事，只能看君主们的运气了。

# 三十
# 论养生

有一个比医生高明的明智观点，就是一个人自己的观察，自己觉得什么有益、什么有害，是最好的保健药。但是，“这个与我的体质不符，所以我不会再用了”的结论，比“我没觉得这有什么害处，所以我会用”的结论要更保险。年轻时的体力可以不在乎很多放肆行为，可这却是他在老年时要还的账。要理清接下来的岁月，别想着总能做同样的事，因为岁月是不容蔑视的。

不要突然更改饮食中任何一个重要部分，如果必须改，其余部分也要与之相配。自然界和国事中都有一个奥秘，就是改很多事比只改一件事要安全。审视一下你在饮食、睡眠、运动、穿衣等等类似的事情上的习惯，试着把你认为有害的事一点一点地断了。可如果你确实觉得这些变化带来了麻烦，那就要改回去，因为很难把一般来说是好的有益于健康的习惯和特别适合你个人的身体的好习惯区分开来。

吃饭、睡觉和运动时既轻松又愉快是最好的长寿准则之一。对于心中的热情与思考，应当避免嫉妒、焦虑和耿耿于怀的愤怒与极为复杂的研究以及高兴过头和不想说出来的悲伤。应当有的是希望；是欢笑而不是大喜；是各种各样的快乐而不是过度的快乐；是好奇和赞美之心，进而喜欢新奇之事；是对壮丽辉煌之事的全心研究，如对历史、寓言和自然界的研究。

健康时如果根本不用药，那么在你需要用时，身体就会觉得它很陌生。而如果你对医药过于熟悉，当你生病时，它就不会产生奇效了。我推崇在某些季节吃某种东西，而不是频繁用药，除非已经养成了习惯。那种饮食更能改变体质，而不是危害它。身体上出现的任何新情况都不能放过，要问问别人。生病了就要注意身体，健康时就要注意活动，因为大多数不很严重的病，对总保持身体健康的人来说，只要注意饮食和调养就能治好。

当塞尔苏斯[①]给出健康和长寿的重要准则之一时，如果他不同时也是哲人的话，是绝不会只作为医生说那番话的。他说一个人应该做些不同的事，并把相反的事交换着做，但要偏重更有益的一端。比如，不吃和吃饱都要做，但要偏重于吃饱；不睡觉和睡觉都要做，但要偏重于睡觉；坐着和动

① 古罗马百科全书编纂者。——译者注

着都要做，但要偏重于动着，等等。

所以，应该爱护天生的体质，但还要学得精通些。有些医生很照顾病人的心情，非常迁就他们，采用的不是真正的治病方法。另外一些医生则会严格按照治病的机理来处理，不会十分关心病人的心情。要选性情适中的医生，如果在一位医生身上找不到这种性情，那就把两种人合二为一。请医生时不要忘了请最了解你的体质的医生，就像要请最有名的医生一样。

# 三十一
# 论怀疑

心里的怀疑就像鸟中的蝙蝠一样，它们总是伴着黄昏飞翔。的确应当压住怀疑之心，至少也要控制好，因为它会破坏你的心情、疏远你的朋友、阻止你做事。这么一来，你的事就不能顺利地一直进行下去。怀疑会让君王暴虐，让丈夫妒忌，让智者优柔寡断、闷闷不乐。它是缺点，但却不在心里，而在脑中。天性坚定、勇敢的人也会怀疑，英王亨利七世就这样，世间没有比他更多疑的人，也没有比他更坚定、勇敢的人。对于他这种构造的人来说，怀疑的危害很小，因为他们一般不接受怀疑，他们要先考察一下怀疑之事是不是那样。而对天生胆小的人来说，怀疑很快就能生根。

最能让人疑心重重的莫过于知道得少，所以应当通过知道更多的事来纠正怀疑之心，而不是去抑制它。人们到底想要什么？难道以为自己所用和所交的人都是圣人吗？难道并不认为这些人也会为自己打算且对自己比对别人会更真实吗？所以，节制怀疑的最好办法是把怀疑之事当成是真的，同时又像对待假的那样来抑制。一个人应当以这样的限度来利用怀疑，那就是，如果他猜对了，就可以免受其害。

自己脑袋里生出的怀疑不过是些嗡嗡声，是人为滋养的，而且是通过别人的传言和私下议论灌进自己脑子里的，只有这样的怀疑才有毒刺。的确，在怀疑树林中认清道路的最好方法是开诚布公地和让你怀疑的人沟通、交流，因为这么一来，你一定会比之前了解更多有关他们的真实情况。此外还能让他们更小心，不给别人更多的怀疑理由。但这个方法对天性卑劣的人是没用的，因为如果他们被怀疑过一次，就再也不会有真的东西了。意大利人说过“怀疑解除了忠实的全部责任”，好像怀疑给忠实发了一张离开的通行证似的。可是，应该让怀疑激发忠实，以此来消除怀疑。

## 三十二
# 论谈话

有些人在谈话时就想靠能言善辩赢得机智的称号，不想凭借能辨别真伪而被人称赞有判断力，好像知道该说什么但不知道该想什么是一种褒奖似的。有些人有一些自己很在行的一般性话题，并总是不变，这种贫乏大多令人生厌，而一旦被人察觉，就很可笑。谈话中最可贵的部分是引发别人说话的部分，还有就是能控制局面并转移话题的话，能这么做的人就是领舞。谈话和对话时最好能有变化，并在陈述时掺些议论；在说传言时加些理性；在发问时说些自己的看法；在说笑时带些真诚。平铺直叙和我们现在说的扯得太远都令人乏味。至于说笑，有些事是要免谈的，如宗教、国事、要人、任何人目前的大事以及任何值得同情的事。可有些人就是觉得，如果不言辞犀利且触及敏感区域，他们的才智就会一直沉睡。应当克制这种情绪，就是说，“孩子，少用棒子，多拉缰绳”。

一般来说，人们应该找出咸和苦的不同之处。爱嘲讽别人的人，因为别人会怕他的随机应变，所以他的确有必要担心别人会记住他。问很多问题的人会学到很多东西，还会有更多的满足感，特别是在他会根据对方的技能而问问题的时候，因为这样就等于给了他们很愿意说话的机会，而他自己就能不断地了解事情了。但是，不要问让人讨厌的问题，因为那是装腔作势之人才会问的。此外，一定要让别人也有机会说话。不仅如此，如果有人想霸占所有时间，那就要想办法让他离开，以便让其他人说话，就像演奏者对跳轻快的三步舞跳得太长的人所做的那样。

如果在某个场合你对别人觉得你一定知道的事装作不知道，那么在另外一个场合里，你根本不知道的事别人也会认为你知道。有关自己的话应该少说，而且要很有选择地说。我认识一个习惯用嘲笑的口吻说这种话的人，“他一定是个智者，因为他能说那么多关于自己的话”。只有在下面这种情况下一个人才可以很优雅地夸赞自己，那就是在夸赞别人的美德的时候，特别是在自认为也有这种美德的时候。

触及别人的话应该少说，因为谈话内容应该广泛，不针对任何人。我知道这么两位贵族，是英国西部的，其中一位喜欢嘲讽别人，总在家中举办盛宴；另外一位常会问出席盛宴的人：“老实告诉我，就没人受到嘲弄吗？”对此，宾客们会这样回答：“发生过这样的事。”于是这位贵族就会说：“我就知道他会把一桌好饭毁了的。”说话时很谨慎比能言善辩重要；友善地和人谈话比言辞优美或条理分明重要。滔滔不绝地说话，但却没有好的对话，是迟钝的表现；而应答得很好但却不能不断地说话，则是肤浅、软弱的表现。这就像我们在动物身上看到的那样，最不善奔跑的动物转弯最敏捷，介于灰狗和野兔之间的动物就是这样。在说正事之前交代过多的事情原委会让人生厌，一点都不说则会太呆板。

## 三十三
# 论殖民地

殖民地属于古老、原始、英雄范畴内的工作。在世界年轻的时候，它生了很多孩子，而现在它老了，生的孩子也少了。我可以理由充分地认为，新殖民地就是过去的帝国的孩子。殖民地最好是建在处女地上，就是说不用为了殖入另一批人而移走现在的人，否则就是灭民而不是殖民了。栽种国家和种树一样，必须做好差不多二十年不盈利的打算，且希望最终能补偿自己才行，因为大部分殖民地之所以会被瓦解，主要原因是在最初的年份里它们会卑鄙无耻、迫不及待地攫取利润。当然了，也不要忽视迅速获取利润，只要符合殖民地的利益就可以做，但不要再进一步了。

把败类和被判死刑的恶人当成要殖入的人是可耻的和该诅咒的。不仅如此，这还会破坏殖民地，因为他们永远都会像无赖那样活着，不务正业、懒惰成性、惹是生非、消耗粮食，而且很快就会心生厌烦，于是就会给国内写信诋毁殖民地。殖入的人应该是园丁、农夫、劳工、铁匠、木匠、工匠、渔夫、捕猎野禽之人以及少量的药剂师、外科医生、厨师和面包师。

在殖民地所在国中，首先要到处看看，看看那儿都自产哪些吃的东西，比如栗子、板栗、菠萝、橄榄、枣、李子、樱桃、野蜂蜜等等，还要利用这些东西。然后再想想哪些可吃的东西是可以在一年之内迅速长成的，比如欧洲萝卜、胡萝卜、萝卜、洋葱、小萝卜、洋蓟、玉蜀黍等等。种小麦、大麦和燕麦需要的劳力太多，但可以先种些豌豆和大豆，一是因为需要的劳力少，二是因为它们既可以当肉吃，又可以当面包吃。米的产量也很大，它也是一种主食。最重要的是要在刚开始时带大量的饼干、燕麦粉、面粉等等，直到有了面包为止。至于家畜和牲畜，主要带那些最不易生病且繁殖最快的，比如猪、山羊、公鸡、母鸡、火鸡、鹅、鸽子等等。殖民地的食物应该像被困之城那样消耗，就是说要有一定限额。还要将主要的果园或麦田变成公共储备仓，先把农产品存在那儿，然后再按比例分配。此外，还要留些地让想种地的人为自己种。

同样要考虑的是殖民地的土壤适合出产什么物品，这多少可以帮着负担些殖民费用，只要没有像前面说的那样，因时机未到而危及主业就行，比如弗吉尼亚的烟叶。林木资源通常都很丰富，而且是非常丰富，所以木材是适合出产的物品之一。如果那儿有铁矿石，还有可以建碾磨厂的河流，那么在林木茂盛的地方，铁就是很好的物品。如果气候适宜，应当试着制盐。同样，如果可以，产丝的作物也很好。在有大量冷杉和松树的地方是不缺沥青和焦油的。药材和香木的利润巨大，制作肥皂的白蜡树也一样，其他东西也可以考虑。但是，不要对地下资源化很多功夫，因为矿产的前途很不确定，还会让殖民地的人懒得做其他事。

说到殖民地的治理，应该让一个人掌权，让一些参事辅佐，还要让他们拥有在一定限度内宣布实施戒严令的权利。最重要的是，要让人们因身处荒野而受益，好像上帝一直与他们同在、一直眷顾着他们一样。殖民地的治理不能依靠太多宗主国的参事和承办者，人数应当适度。这些人最好是贵族和绅士，而不是商人，因为商人总是只顾眼前利益。

在殖民地稳固之前，最好能免除关税。不仅要免关税，还要让人能自由地把东西带到最能让他们挣钱的地方，除非有什么需要当心此事的特殊理由。不要非常快地一批接一批地送人，好让殖民地塞满人，而要留意人口的减少，并按比例补充。这样的人数可以让人在殖民地过得很好，不会因为额外的人口陷入贫困。有些殖民地会沿着河岸建在沼泽和不卫生的地方，这会严重危害健康。因此，尽管为了避免运输上的不便和其他类似的麻烦，一开始可以建在那儿，但还是要建在河的上游而不是河岸边。与殖民地人民的健康有关的还有，就是要储备大量的盐，因为必要时可以用它来保存食物。

如果在有野蛮人的地方殖民，不要只是用没有价值的小东西让他们高兴，还要公正、宽厚地对待他们。同时也要防范充分，不要通过帮助他们攻击他们的敌人来赢得他们的好感，而要在错不在他们时帮他们自卫。还要经常送他们中的一些人去宗主国看看，这样他们就可以看到比自己的生活更好的情形，回来后就会夸赞一番。殖民地发展壮大后，就可以既移殖男人又移殖女人了，这样，殖民地就可以一代代繁衍下去，永远也不需要从外面补充。世间最恶的事就是在殖民地向前发展时弃之不顾，这不仅可耻，而且是一种让很多可怜人流血的罪行。

## 三十四
# 论财富

说到财富，我能叫出的最好的名字是“美德的包袱”。罗马语中的词更好，叫辎重。军队的辎重就是美德的包袱。不能不要辎重，也不能把它留在后面。可它妨碍行军，有时还会因为顾及辎重而输了战役或打乱了作战计划。巨大的财富并没什么真正用途，除了那些被分发出去的财富。其余的财富只不过是一种幻想。所以所罗门会说：“财富多的地方就会有很多消耗它的人，而财富的主人除了能用眼看着自己的财富还能得到什么？”

相对于巨额财富来说，一个人的个人享受总是有限的。确实有因为它们而得到的监管权、救济别人的能力或者富有的名声，可对财富的主人来说，并没有实实在在的用途。没看到一个小石头和稀罕物的标价有多虚高吗？没看到为了让巨额财富看起来有用都在做哪些炫耀性工作吗？可你会说，财富可以在人遇到危险或麻烦时买通关节，就像所罗门说的那样：“在富人的想象中，财富就像一个大本营。”但这种绝妙的表达只是在想象中，现实却并非如此，因为巨额财富卖出的人的确比把它买来的人多。

不要以财富为荣，而要力求用正当手段得到财富、审慎地使用、愉快地分发、安心地留下。既不要抽象地看待财富，也不要托钵僧般地蔑视财富，要有所分辨，就像西塞罗说波斯蒂默斯[①]那样："他对财富的追求清楚地说明，他不是为了满足贪欲，而是为了得到行善的工具。"还要听所罗门的这句话，不能急着敛财："急着致富的人是不会清白的。"诗人们虚构说当普鲁托斯[②]受朱庇特差遣时，他步履蹒跚、行动迟缓；而当受冥王差遣时，他健步如飞。其中的意思是，通过好的方式和正当的工作致富会很慢，但因为别人的死（如通过继承遗产等等）而来的财富会突然落到一个人的身上。如果把冥王当魔鬼，也同样可以这么解释，因为如果财富来自魔鬼（如通过欺骗、压迫和其他不正当手段得到的财富），会来得很快。

致富的方法有很多，大多数方法都很肮脏。吝啬是其中最好的一种，但也不清白，因为它会阻止人们去做慷慨、仁慈之事。利用土地可以最自然地得到财富，因为这是我们的伟大母亲——大地的恩赐，但会很慢。如果非常富有的人肯

① 古罗马著名财政专家。——译者注
② 财神。——译者注

屈尊于资源类生意，财富就会极大地增加。我认识一位英国贵族，是我这个时代钱最多的人，他是大草场主、大牧场主、大林场主、大谷物主、大煤矿主、大铅矿主、大铁矿主以及其他很多类似的资源类产品的主人。这么一来，土地就好像是他的海洋，给他带来源源不断的进款。

有人的确注意到，就是发小财很困难，发大财却非常容易。这是因为，当一个人已经富到可以坐等市场全盛期的到来，可以凭自己的名气而不是钱就达成交易，还能做些年轻人从事的行业，他的财富是非大增不可的。从普通的生意和职业得来的财富是诚实的，它主要靠两件事来增加：一是勤勉，二是良好、公平交易的好名声。可是从讨价还价中得到的财富就有点儿不明不白了。一个人就等着别人急需什么时，借助仆人或其他手段让自己介入，巧妙地把其他较公道的商人引开以及其他类似的做法，都是狡诈的做法。

说到来回砍价，即买了东西不是为了自己留着，而是为了再卖出去的生意，通常都是对买卖双方的一种折磨。如果帮手选得好、很可靠，那么共同参与的生意就很容易致富。放高利贷是最确定的获利方式，虽然它是最坏的方式之一。这种人就着别人脸上的汗吃自己的面包，连礼拜天也不放过。尽管放高利贷的确能致富，但这种方式也有缺陷，因为公证人和中间人会为了自己的利益而夸赞情况不佳的人。

持有一项发明或特权的人有时能让自己的财富神奇地增加，如加那利群岛第一个从事糖业的人。所以，如果一个人能成为真正的逻辑学家，既能判断又能发明，他是可以成大事的，特别是当他身处盛世的时候。只依靠固定收入的人很难成为非常富有的人，把一切都压在冒险上的人往往会破产、致贫。因此，最好能用固定的收入来守护冒险，以便可以承担损失。

只要不受限制，利用专利和囤积商品的方式来销售是很好的致富手段，尤其是在这人得知有些东西可能会有大量需求，便自己事先囤积很多的情况下。通过提供服务得到的财富，尽管风头最劲，可如果是靠奉承、博人一笑和其他奴性十足的方式得到的，就可以被视为最糟的财富。图谋遗嘱和遗嘱执行人（就像塔西陀说塞内加是“没有子女的人以及他们的遗产都被他捉进了网”）的做法很坏，因为这样的人会对比服务对象更卑贱的人低三下四。

不要太相信看上去蔑视财富的人，因为他们蔑视的是对他们绝望的财富，如果财富来找他们，财富就一点儿都不坏了。不要锱铢必较，财富是有翅膀的，有时它自己就会飞，有时一定要让它们飞，它们才能带来更多的财富。人们会把自己的财富留给亲属或公众，在这两方面都留比例适中的财富收效最好。如果后代在年龄和见识上都还处于不稳定期，留给他的巨额财富就会像诱饵一样让所有捕食的鸟儿环聚四周，以便从他身上逮到东西。同样，彰显荣耀的馈赠和基金就像“没有盐的祭品”一样，不过就是粉饰过的装满救济品的坟墓罢了，用不了多久，内部就会腐化、溃烂。所以，捐赠时不要看你在数量上增加了多少，而要按一定的标准来管好它们。也不要拖到快死时才捐赠，因为如果正确地考虑一下这个问题就会发现，这样的人其实是对别人的钱很慷慨，而不是对自己的钱。

## 三十五
# 论预言

我想说的既不是神的预言，也不是上天的神谕，更不是大自然的预示，我只想说的确记得的但却不明缘由的预言。女巫对扫罗[①]说："他日你和你的子孙必将和我在一起。"荷马也写过这样的诗句：

艾尼阿斯[②]家族将统治所有海岸，
子子孙孙皆如此。

这好像是关于罗马帝国的一个预言。悲剧家塞内加写过这样的诗句：

以后将迎来这样一个时代，
海洋将解开自然的束缚，
呈现出广阔的大陆。

---

① 圣经中的人物。——译者注
② 特洛伊战争中的英雄。——译者注

提菲斯[1]将发现新的世界，

图勒[2]也不再是大地的尽头。

这是个有关美洲的发现的预言。波利克拉特斯[3]的女儿梦到朱庇特为她父亲洗澡，阿波罗给她父亲抹油膏，而她父亲真的在露天被钉在了十字架上，太阳让他的全身淌满汗水，雨水洗刷着他的身体。马其顿王菲利普梦见他把妻子的肚子封了起来，他自己解释说自己的妻子将不能生育。可预言家亚里斯坦德却告诉他，他的妻子已经怀孕了，因为人们是不会给空瓶子盖盖的。出现在布鲁图斯[4]的账中的一个幻影对他说："你会在腓力比[5]再见到我的。"提比略曾对加尔巴说："加尔巴，你也会尝到帝国的滋味的。"维斯帕先时代的东方流传着这样的预言：能从犹太出来的人就能统治世界。尽管它说的可能是我们的救世主，但塔西佗却把它阐述为维斯帕先。图密善[6]在被杀的前一晚梦见自己的后颈长出了一颗金色的头，而他的继承者的确造就了持续多年的黄金时代。英王亨利六世年少时在给亨利七世喝水时说："这孩子就是将享

① 希腊神话金羊毛故事中的人物。——译者注

② 古人眼中的世界尽头。——译者注

③ 古希腊著名僭主。——译者注

④ 古罗马政治家和将军。——译者注

⑤ 希腊马其顿地区古城，今已毁。——译者注

⑥ 罗马帝国皇帝。——译者注

用我们正在争夺的皇冠的人。”

我在法国的时候听一位叫佩纳的医生说，法国的皇太后习惯用奇术、怪术，曾把她丈夫的出生日期用了个假名字叫人算，占星家的论断是他会在决斗中被杀，皇太后听后笑了，因为她认为，自己的丈夫是不屑于接受挑战和决斗的人。但他确实在一次马上刺枪比赛中被杀了，因为卫队长蒙哥马利的枪头的尖细木刺刺进了他的毛皮面甲。在我小的时候，即伊丽莎白女王的鼎盛时代，到处都能听到这个预言：

当麻变成海绵了，
英国也就完了。

因为大家都这么想，就是把君主们的首字母排列起来就有了“麻”这个字（他们是亨利、爱德华、玛丽、菲利普和伊丽莎白），他们的统治结束了，英国就会彻底大乱。感谢上帝，现已证实只是名字改了，因为国王现在统治的不再是英格兰，而是不列颠了。

1588 年前还有另一个预言，我不是很明白：

有一天会看见，

在鲍岛和五月岛之间，
会出现挪威的黑色舰队，
它们来了又去了，
英格兰就用石灰和石头建房子了，
因为以后不会有战争了。

大家都以为这指的是1588年来的西班牙舰队，因为据说西班牙国王姓挪威。雷乔蒙·塔努斯[①]的预言是：

88年是个怪年。

这个预言同样让人觉得，在这支伟大舰队的出发这件事上，预言是应验了的。尽管它在数量上不算什么，但在实力上却是所有行驶在海洋上的舰队中最强的一支。

说到克里昂[②]的梦，我认为那就是个笑话。那个梦说的是，他被一条很长的龙吞了，这被解释为龙就是个做腊肠的，这人曾带给他非常大的麻烦。类似的事有很多，如果把梦和星象学的预言也包括在内就更多了。但我只是把确实可信的

① 德国数学家和天文学家。——译者注
② 斯巴达国王。——译者注

几个记下来作为例子。

我的看法是，它们都应该被轻视，应该只用作冬天的围炉谈资。我说轻视时指的是从信念上应该轻视，在别的方面则绝不能轻视，因为它们危害极大，我也看到为了禁止传播它们制定了很多严厉的法律。它们的魅力和可信度源于三件事，第一，人们只记得预言言中的时候，从来不记得不中的时候，这和他们对做梦所持的普遍态度是一样的。第二，可能的推测或模糊的传统往往会变成预言，而人类贪求预测未来的天性会认为，只是他们自己收集、整理出来的预测是没有危险的。塞内加的诗就是这样，那时很多东西都能证明，地球这个球状物在大西洋的那一边还有很大的地方，那些地方可能并不都是海洋。在这种理论之外还有柏拉图的《提迈奥斯》和《亚特兰蒂斯》这两篇对话录中的神话。可能是受到了这些东西的鼓舞，人们就把它们变成预言了。第三，也是最后一件事（可能是最大的一件），所有不计其数的预言几乎都是编出来的，而且是由无所事事、诡计多端的脑袋在事后捏造、虚构出来的。

## 三十六
# 论野心

野心像胆汁，如果不阻断它，它就是一种能让人活跃、热心、敏捷、心潮澎湃的体液；如果它被阻断，无法按自己的方式行事，就会变得很干，于是就会有毒、有害。有野心的人也一样，如果他们发现升迁之路已经铺就，而且还在向前延伸，他们就会只管忙碌而不顾危险；一旦这种欲望被阻止，他们就会心怀怨恨，用邪恶的眼神看人、看事，并且在事情不顺利时他们会最高兴，这是君王或共和国的臣仆们最恶劣的品质。因此，如果君王想用有野心的人，那么最好能将他们把控得总能前进而不会后退。这不可能没麻烦，所以最好根本不用有这种天性的人，因为如果他们没得到提升，就会设法让自己从事的事业和自己一起滑落。

既然我们已经说了最好不用天生就有野心的人，除非不得已，那就得说说在什么情况下非用他们不可。在战争中是一定要用优秀将领的，不管他们有多大的野心，因为他们的作用可以抵消其余的一切，而且用没有野心的战士就等于拔了马刺一样。用有野心的人还有一大好处，就是当君王遇到危险和别人嫉妒时，可以用他们来做掩护，因为没人愿意充当这种角色，除非他像一只被封住了眼睛的鸽子，因为看不见周围的一切，才会一次高过一次地向上飞。还可以用有野心的人来毁掉任何一个卓尔不群的臣民的伟大。提比略用马克罗推倒赛扬努斯就是这样。

既然在这些情况下必须用有野心的人，那就还得说说如何控制他们才能少些危险。出身平平的比出身贵族的危险小；天性严苛的比天性谦和、平易近人的危险小；新晋升的比因权势而变得老谋深算、戒备心强的危险小。有些人认为君王有自己的宠臣是个弱点，可在所有对付权力大、有野心的人的方法中，这是最好的，因为，在让君王高兴还是不高兴的方式取决于宠臣的时候，其他任何人就不可能有过大的权势。另一个限制他们的办法是，用和他们一样骄傲的人来制衡他们，可这么做时一定要有一些中立的参事来保持稳定的局面才行，因为如果没有压舱物，船会摇晃得很厉害。无论如何，君王是可以鼓动本来就很卑贱的人，让他们成为有野心的人的对头的。

说到想让有野心的人憎恨毁灭感的办法，如果他们天生胆小，这种办法可能很奏效；可如果他们是坚定、勇敢之人，这种办法就会让他们突然采取行动，结果反而危险了。而要想把他们拉下来，在需要这么做但对突然行动没有把握时，唯一的办法就是不断地在宠幸和失宠之间来回变化，这样他们就不知道自己该指望什么，好像身处密林中一样。

说到野心，在大事上总想占上风的野心比在每件事上都想显露一下的野心危害性小，因为后者会导致混乱，毁了事情。然而，让有野心的人活跃在事务中比让他们成为依附者眼中的伟人要少些危险。想在能人中出类拔萃的人是要做大量工作的，但总是对公众有利的；而图谋在无足轻重的人中成为唯一人物的人却会毁掉整个时代。

荣誉里面有三样东西可图：做好事的有利地位、接近君王和要人的途径、个人财富的增加。意图最好的那个人，如果他是有追求的，就是一个诚实的人。而能从这些意图中找出那个有追求的人的君王则是一位明君。一般来说，君王和国家在选任大臣时应该选对责任更敏感而不是对升迁更敏感的人；选凭良心做事而不是因勇气而做事的人，选人时还要把爱管闲事的天性和乐于做事的心智区分开来。

# 三十七
# 论假面剧和盛会

与各种严肃的评论相比，这些东西不过是些玩意儿。既然君王们还是会要这些东西，那么用优雅来装扮它们要好过花大钱涂抹它们。随歌舞而动是很好的景象，令人愉快。按我的理解，歌者要排成队，站在高处，还要有音乐伴奏，曲子要符合场景。边唱边演，尤其在对唱时表演，是极美的。我说的是表演，没说跳舞（因为那是低下、粗俗之事）。对唱的声音应该有力、有男子气（一个低音和一个高音，不要太高），曲调要高雅、悲壮，不要亲切、细致。几个歌队要一个对一个地站，此起彼伏地一个接一个唱，像唱赞美诗，让人非常愉快。要注意这一点，我这里说的都是自然会引人关注的事物，而不是让人惊奇的小伎俩。

只要能做到悄无声息，变换布景的确是件很美、很让人高兴的事，因为它既养眼又缓解眼部疲劳，不用一直看一个物体。布景要亮，要使用特别的颜色，颜色也要多样。要让戴面具的人或其他人从布景后面走出来，并在布景拉下前对着它做些动作，这样就能引来好奇的目光，人们就会非常想看自己无法完全看清的东西。歌声要嘹亮、欢快，不要哀鸣、呜咽，音乐同样要响亮，并且要安排在合适的地方。烛光下最好看的颜色是白色、肉色和一种海水绿色。可以发光的亮片不太贵，却可以熠熠生辉；华贵的刺绣会不明显，也看不清。

带假面具者的衣服应该很得体，摘下面具后衣服要很配演员本人。不要穿常见的服装，如土耳其装、军服、水手服等。带假面具者的对手戏不能太长，他们通常都是关于傻子、色鬼、狒狒、野人、怪物、野兽、妖精、女巫、仙女、乡下人、爱神和雕像动起来了等等。把天使们放在这些对手戏里并不十分好笑。另一方面，加入任何丑恶的东西，如魔鬼、巨兽也不合适。但首先是要有娱乐性的音乐，再配合一些新奇的变化。在混杂着水汽和热气的人群中突然飘来一阵香气却没有水珠落下，会让人非常愉快、精神大振的。两个带假面具的人，一男一女，能增加剧情和多样性。但是，除非能让屋子保持干净整洁，否则就什么都不是。

说到长矛比武、马上比武以及设障碍比武，那份荣耀主要在挑战者入场时所乘的战车上，尤其是在战车被像狮子、黑熊和骆驼之类的怪兽拉着的时候。入场仪式、气派的装束、马匹美观的装备以及挑战者好看的盔甲，也能显出荣耀。这些玩物已经足够了。

# 三十八
# 论人的天性

天性往往是深藏不露的，有时可以克服掉，但很少能被灭绝。强力会让天性更猛烈地回击；循循善诱可以让天性少些纠缠；只有习惯能改变和制服天性。力求战胜自己的天性的人不要给自己制定太大或太小的任务，因为太大的任务会让他因为经常完不成而灰心丧气；太小的任务则会让他成为进步小的人，尽管他经常能完成任务。还有就是，刚开始时要在助手的帮助下练习，就像学游泳的人要借助漂浮物一样。但过了一段时间，他就要在不利的条件下练习了，就像学跳舞的人穿厚底鞋一样，因为如果练习比运用还难，结果就会很完美。

如果天性强大，那么战胜天性就会很难。这么一来，就需要分阶段进行了。首先，要及时停下并制止天性，就像可以在生气时先念 24 个字母一样。接下来就是让这种情况越来越少，就像戒酒一样，从无酒不欢过渡到每餐小酌，最后才完全戒除。而如果一个人有着可以立即让自己挣脱出来的毅力和决心，那是最好不过的了。

最能保持灵魂自由的人，
可以挣脱折磨自己的心胸的锁链，
他能为了永无痛苦而立即终止。

古训说扳改天性就像扳正一根杖杆，先把它扳到完全相反的一端，再从那儿把它摆正。但要知道，完全相反的一端可不是恶习。一个人不要强迫自己持续不断地坚持一种习惯，应该有些停顿，一来停顿可以强化新的开始；二来如果一个人不够好但却总在练习，那他就是好的、坏的一起练，而且把好坏都带入了习惯。对此没别的办法，只能靠及时地停顿。可是，一个人不能过于相信他能战胜天性，因为天性会潜伏很长时间，一旦有了机会或诱惑就会复活。这就像《伊索寓言》中的少女一样，她从猫变成了一个女人。在一只老鼠从她面前跑过之前，她一直端庄地坐在长桌的一头。所以，一个人应该完全躲开这种机会，或者不要经常面对这种机会，这样他就可以少被打动。

从私生活里最能看出一个人的天性，因为那里没有装模作样。在激情中也最能看出，因为激情可以让人忘掉自己的清规戒律。在新情况或新尝试中也最容易看出，因为他没有惯例可循。天性与职业相符的人是有福之人；反之，做自己不想做的事的人可能会说，我的灵魂一直都是局外人。任何学问，只要是要求自己去做的，就要为其设定时间。而如果它符合自己的天性，就不要管时间了，因为思想会自己朝那儿飞，只要做其他事情或学问的时间够了就行。一个人的天性要是长不成香草就会长成杂草，所以要及时地浇灌前者、拔除后者。

# 三十九
# 论习惯和教育

人的思想大多是与个人的好恶相符的，他们会根据自己学到的和被灌输的观点谈论和说话，而他们的行为却是跟随着自己一直以来的习惯的。因此，马基雅弗利说得好（尽管用的是一个偏爱邪恶的例子）："天性的力量和言语上的勇敢都不可信，除非有习惯做支撑。"他举的例子是，要想完成一个极险恶的阴谋，一个人不应该依靠任何天性上的凶猛或者他发誓要做到的决心，而应该找手上曾经沾过血的那种人干。但马基雅弗利并不知道克莱芒、拉瓦亚克、约尔基和杰拉尔①，可他的定律还是奏效的，那就是天性和语言上的约定都不如习惯有力。

眼下只有迷信这件事发展得很好，以至于第一次杀人的人可以像职业屠夫一样坚决。誓言般的决心也和习惯一样强，即便是在杀人这样的事上。而在其他事儿上，习惯的主导地位随处可见。它的势力太强了，人们甚至会奇怪地问，听完一个人的声明、申辩、约定和大话后，他怎么可能还像过去

---

① 四人均在马氏死后刺杀过君王。——译者注

那么做呢？就好像他是个没有生命的影像和只靠习惯的轮子来推动的机器一样。我们也见过习惯的统治或暴行，知道它是怎么回事。印度人（我指的是他们的哲人教派）会让自己平静地躺在一堆柴上，点火自焚牺牲自己。不仅如此，妻子们还要争着和丈夫们的尸体一同烧死。古时斯巴达的小伙子习惯于在黛安娜祭坛上折磨自己，好像还非常渴望。我记得在伊丽莎白女王刚统治英格兰时，一名被判有罪的爱尔兰叛党递交了一份请愿书，因为他可能被绳子吊死，而不是被直接勒死，可是以前的叛党都是被勒死的。俄国的僧侣为了惩罚自己会整夜坐在装满水的容器中，直到他们被坚冰冻住为止。习惯对精神和肉体的控制力量的例子可以举出很多。

所以，既然习惯是人生的主宰，一个人就一定要努力养成好习惯。如果年幼时就有一个好习惯，那它的确是最完美的习惯。我们叫它教育，其实它就是早期习惯。所以我们可以看到，比较容易打弯的舌头可以学会所有的语言表达和发音；比较灵活的关节可以学习所有的竞技和动作。在这些方面，年幼时学要好过以后，因为以后再学就不能收放自如了，除非有些人的思想还没有固化，他们会让自己保持开放的心态，准备去接受持续不断的改进。这种情况极少。

如果说简单又单独的习惯力量已经很强了，那么交织在一起的联合起来的习惯，其力量就更为强大了。这是因为，这么一来就有例子可学，可以从伙伴那儿得到安慰，可以激起效仿之心，还可以让人有荣耀感。所以在这些方面，习惯的力量达到了顶峰。要想让天性中的美德成倍增长，的确要依靠一个秩序井然的规范社会，因为联邦和好政府只能养育已经养成了的美德，而不能改良美德的种子。可悲的是，最有效的方法却正在被应用于最不想要的目的上。

# 四十
# 论幸运

不能否认，外部的偶然事件常常能带出幸运，如好感、机遇、别人的死或者生逢其时。但塑造个人命运的模具主要还是在自己手中，所以诗人会说："每个人都是自己的命运的建筑师。"外部因素中最常见的就是这个人的愚蠢就是那个人的幸运，因为如果不借助别人的错，没人能突然发达起来。"蛇不吃蛇就变不成龙"。

公开的、明显的美德会招来赞赏，而某些隐秘的、暗藏的美德却能招来幸运，也就是叫不出名字的一个人自身确实能做到的东西，西班牙人称之为机敏，它表达了一部分意思。一个人的天性中既没有固执也没有躁动不安，精神跟着自己的运气转，就是这个意思。所以李维说："他的肉体和精神如此强大，无论他生在什么样的家庭，都可能为自己赢来运气。"在用这些话形容了老加图之后，他还说了他的多才多艺。因此，如果一个人目光锐利且能留心观察，是一定会看见"幸运"的，因为虽然她是盲目的，但却不是无形的。

幸运之路就像天空中的天河，它是很多小星星的聚合或结成，看不到一个一个的，但却可以一起发光。很多微小而又少见的美德，或者不如说能力和习惯，也是这样，它们能让人走运。意大利人说这样的人时会说这个人想得少，他们在说一个人不会出差错时，还会随口说出别的来，就是会说他有点儿傻或有点儿疯。当然，最幸运的两个特征就是有点儿傻气和不会过于老实。所以说，极爱自己的国家或主子的人从来都是不幸的，也不能幸运，因为如果他在安排事情时没有想到他自己，他就不会去走自己的路了。

匆忙间得到的幸运造就的是冒险家和搬运工（法国人起的名字更好，叫进取者或搅局者），而磨炼来的幸运造就的则是能干的人。幸运应该受人尊敬和被尊重，自信和名誉也该这样。幸运生出的这两种幸福，前者在人自身里，后者在别人对他的态度中。所有的智者，为了减少别人对自己的美德的嫉妒，都会习惯地把它们归于上帝和幸运。这么一来，他们就可以更好地担负这些美德了。此外，能受到神力的佑护，说明这个人自身是有伟大品质的。所以恺撒会对暴风雨中的舵手说："你装载的是恺撒和他的幸运。"苏拉也说自己"幸运"，而不是"伟大"。

人们已经注意到，公开地把自己的美德过分归功于自己的聪明和计策的人，其结局都是不幸的。据记载，雅典人提莫修斯在向他的国家陈述时，经常会插一句“这和幸运没关系”，从此以后，他做任何事都没成功过。有些人的运气的确和荷马的诗一样，比其他诗人的诗句更流畅自如，就像普鲁塔克把提摩里昂的运气和阿格西劳斯或伊巴密浓达[1]的运气相比时说的那样。这确实大多归因于一个人自身。

---

① 三人均为古希腊将军。——译者注

# 四十一
# 论放债

很多人都曾风趣地咒骂过放高利贷的人，他们说上帝该得的什一税却被魔鬼占了是可悲的，又说放高利贷的人是安息日最大的破坏者，因为他们的犁耙在每个安息日都会工作，他们还说放高利贷的人就是维吉尔说的雄蜂：

*一群游手好闲的雄蜂被从蜂房中赶出来。*

人们还说放高利贷的人把人类堕落后给他们制定的第一条戒律给破了，就是“人必须满脸是汗才能吃到面包”这条。又说放高利贷的人应该戴黄褐色帽子，因为他们已经变成犹太人了。还说用钱生钱是违背自然的以及诸如此类的话。我只会说这句话，就是，放高利贷是一件因为心太硬才被允许做的事，因为世间一定会有借贷之事，而人心又很硬，不会白白借人钱，这么一来就必须允许放高利贷了。有些人针对银行、个人财产和其他收入做过令人质疑且很巧妙的建议，但没什么人说放高利贷有用。把放高利贷的好坏摆在我们面前是件好事，这样就可以掂量出或者挑出它好的地方，并谨慎地利用。利用好的地方，碰不到坏的地方。

放高利贷坏的地方有，首先，它会让商人变少，因为如果没有这种令人懒惰的生意，钱是不会躺在那儿不动的，它会被大量用于商业，也就是国家财富的命脉。其次，它会让商人变坏，因为如果一个农夫能坐享很大一笔租金，他就不会很好地经营自己的田地。所以，如果商人可以坐享一大笔高利贷收益，他就不会很好地做自己的生意。第三个坏处是前两个导致的，即君王或国家的税收减少，它是随商业起伏的。第四，放高利贷会把国家的财富交到少数人手中，因为放高利贷的生意是确定的，其他生意是不确定的。到最后，大部分钱就会被放进他们的钱箱，而只有在财富被较为公平地分配时一个国家才能兴盛。第五，它击倒了地价，因为钱主要是被用来做生意或买东西的，而放高利贷把这两条路都拦住了。第六，它会让所有的行业、所有的改进工作和新发明黯然失色、没有前途，因为如果没有它的打击，金钱就会流动起来。最后，它是很多人的财产的祸患和毁灭者，而随着时间的推移，就会滋生出广泛的贫穷。

另一方面，放高利贷有用的地方首先是，无论它在某些方面多么阻碍商业，在另外一些方面却能促进商业。这是因为，绝大部分生意确实都是年轻商人靠借贷附有利息的钱款而经营的，所以，如果放债的人把钱收回去或者不再放债，紧接着就会出现商业大停滞。其次，如果不能这么容易地以支付利息为条件来借钱，只是生活必需品就能让人骤然倒下，因为他们会被迫用极低的价格出售自己的生存工具（土地或物品）。因此，尽管放债也会侵蚀他们，但却是慢慢地侵蚀，可坏了的市场却会把他们整个吞掉。抵押和典当对这种事帮不了什么忙，因为人们要么不会收没有用的当品，要么就会因为确定一定会没收当品而收下。记得乡下一位狠心的有钱人曾说过："应该让魔鬼把放债这行收了去，它让我们没法没收抵押品和证券。"第三，也是最后一点，设想会有一种没有利润的普通借贷是徒劳的。而如果限制借贷，那么接踵而来的不便的数目之多是无法想象的。因此，说要废止放债就是句空话。所有国家都有过这行当，只是种类或利率不同罢了。所以必须把这种意见送给乌托邦。

现在谈谈放债业的改革和管理，如何可以最好地避开其有害的地方、保留其有用的地方。显然，这就要通过平衡放债业的利弊来调和两件事，一件是要磨磨放债业的牙齿，不要让它咬得太狠；另一件是要让这个行业有利可图，以此来让有钱人借钱给商人，以便让商业继续并快速发展。可除非引入两种大小不同的放债方式，否则就做不成这事，因为如果把放债利率降得很低，就会方便普通借贷者，可商人就得努力去找钱了。应该注意的是，最赚钱的商品交易是可以承担很高的放债利率的，其他行业就不行了。

要达到这两个目的，简单来说应该这样，就是要设定两种放债利率，一种是自由的，针对的是所有人；另一种是有牌照的，针对的是特定的人群和特定的商业领域。因此，首先要把一般性放债利率降到百分之五，并且宣布这种利率是自由浮动和通行的，国家不能对类似行为进行任何形式的惩罚。这就能保证借贷之举不会被定制或枯竭，就能方便国内无数的借款人。在很大程度上，这还能抬高土地的价格，因为一块需十六年付清钱款买来的地，其收益为百分之六或更高，而放债只能产生百分之五的利息收入。基于类似的理由，这还会促进行业发展，人们会为了盈利而去改良，因为很多人会宁愿投资在那种行业上，也不愿只得百分之五的利息收入，习惯了高收益的人尤其如此。

其次，就是要让特定的人群在许可的条件下以较高的放债利率借钱给有名的商人。即便针对商人，这种利率也应该比他以前习惯支付的利率低一些，因为这么一来，所有借款人就都可以因为这一革新而得到些便利，不管他是商人还是其他什么人。要让每个人而不是银行或发行普通股的公司做自己的钱的主人。我并不是完全不喜欢银行，不过在说到某些让人怀疑的事时，它们就很难被信任了。国家只针对放债许可证收一点儿税就行了，其余的利润都留给放债人，因为少量的税是绝不会让放债人灰心丧气的。举例来说，以前能收到百分之十或九的利息的人，他宁可把利息降到百分之八，也不会放弃他的放债生意，不要稳定的收益而去赚冒险的钱的。

不要限定有放债许可证的放债人的数量，只要把他们限定在某些主要的商业城镇就行，因为这样他们就很难染指国内其他人的钱了。这么一来，允许收百分之九的利息的人就不会把通行利息为百分之五的生意也做尽，因为没人会用自己的钱放很久的债，也不会把自己的钱交给不认识的人。如果有人反对说，这在某种程度上就是给放债业授权，而以前只有某些地方才被允许放债。我的回答是，用申报的方式来缓和放债业比因纵容而任其肆虐要好。

## 四十二
# 论青年和老年

如果没有浪费过时间，一个按年计算很年轻的人可以在按小时计算时成为老人。可很少出现这种情况。一般来说，青年人就像最初的念头一样，没有再想想那么明智，因此，思想上年轻和年龄上年轻是一样的。然而青年人的发明比老年人的发明更有活力，想象力也能更好地进入他们的脑子，好像还能得到更多的天启。天性中有很多热情和强烈欲望且躁动不安的人，直到过了中年才能成熟地做事，就像恺撒和塞维鲁[①]一样。关于后者曾有言道："他度过了一个满是错误而不是疯狂的青春。"可在所有的罗马皇帝中，他几乎是最能干的一个。天性平和之人在年轻时会做得很好，如奥古斯都大帝、佛罗伦萨大公科西莫和加斯东公爵等等。另一方面，人老了还有热情和活力是一种利于做事的非凡气质。

青年人更适合发明而不是判断；更适合执行而不是谏言；更适合新项目而不是老业务。对于自己的经验范围内的事，老年人可以指导青年人，但在新事物上，就会骂他们。青年

① 罗马帝国皇帝。——译者注

人的错误会毁掉整件事，而老年人的错误充其量也就是或许可以做得更多点或更早点而已。青年人在采取行动和打理事情时，包揽的事会多过其能承受的事；搅动的事会多过其能平复的事。他们直奔目的，不考虑方式和阶段，追求着荒唐地碰巧遇到的几个原则。他们不想革新，革新是会带来尚不清楚的麻烦的。他们一开始就会用极端方式来补救，这会错上加错，对此他们还不愿承认，也不愿收回决定，好像一匹不情愿的马，就不肯停也不肯转。老年人则是反对得太多、商量得太久、冒险得太少、后悔得太快，并且很少能把事情完全做到家，一般的成功就能让他们满意。

的确，如果能把这两种人合起来用就好了，这么做对当下是好的，因为这两种年纪的人的长处可以纠正他们的短处。对将来也是好的，因为当老年人是参与者时，青年人可以学习。最后，这对外部的偶然事件也是好的，因为当局会尊重老年人，而一般人的欢心则属于青年人。在道德方面，青年人可能会卓越些，就像在见识上老年人会优越些一样。某位犹太教教士在讲“你们青年人要看到幻象，你们老年人要梦到幻梦”这句教义时曾推论，青年人比老年人更接近上帝，因为幻象是比幻梦更清楚的一种启示。的确，一个人喝尘世这杯酒越多就会醉得越厉害，而且年纪能赢得的就是理解力，而不是意志和情感上的德行。

有些人在他们的年纪太早熟了，这种早熟不久就会消退。第一种早熟的人是富有尖利的才智的人，可这种锋利不久就会被改变，比如修辞学家赫莫杰尼斯，他的书写得极巧妙，后来人却变得愚钝了。第二种早熟的人是具有某些天然性情的人，在这些天然性情上，青年人比老年人更有魅力，比如流畅、华丽的演讲就适合青年人而不是老年人。所以塔利[①]说奥腾修斯[②]“已经不适合他了，可他还维持原样”。第三种早熟的人是起点太高的人，他们的这种宏大是漫长的岁月无法支撑的，比如西庇阿[③]，李维说过，“最后的他不如最初的他”。

---

① 西塞罗的英语名。——译者注

② 古罗马律师。——译者注

③ 古罗马统帅、政治家。——译者注

# 四十三
# 论 美

才德就像宝石，最好是素净地放着。的确，才德最好是放在虽不精致，但却好看，有尊严，而且不是哪儿都很美的身体里。非常美的人几乎没什么了不起的才德，好像大自然在造物时只求别出错，而不是要造出出类拔萃之人似的。因此，很美的人外表完美，但却没有伟大的精神，而且只研修行为，而不是美德。可也并不都是这样，奥古斯都大帝、维斯帕先皇帝、法兰西国王菲利普、英格兰国王爱德华四世、雅典人亚西比德[①]、波斯王伊斯梅尔，都是有伟大、崇高的精神的人，也是他们那个时代最美的男人。

说到美，相貌的美胜过肤色的美，而优雅得体的动作又胜过相貌的美。最美的部分是画像无法表现的部分，也是第一眼看不到的部分。任何出众的美都会在比例上有些怪。人们说不出阿佩利斯[②]和丢勒（15 世纪德国画家）中的哪一位

---

① 政治家、将军。——译者注

② 公元前 4 世纪希腊画家，曾给马其顿的腓力二世及亚历山大大帝充当宫廷画师。——译者注

更无聊，他们中的一位会按几何比例来画人物，另一位则会把不同面孔中最好的部分凑在一起画出一张极美的脸。我想如此这般画出的人物，除了能让画他们的人自己高兴外，没人会高兴的。我并不认为画家不可以画从没见过那么美的一张脸，而是觉得他应该借助一种恰当的方式（就像音乐家用极美的曲调谱出音乐一样），而不是借助规则。

应该这样来看一张脸，那就是，如果一部分一部分地观察，永远也找不到一张好看的脸，但如果把各部分放在一起就很好看了。如果美的主要组成部分的确就是得体的动作，那么有些上了年纪的人似乎分外可亲当然也就没什么好让人惊奇的了。“美人的秋天也是美的”，这是因为，如果不去宽容，不认为年轻可以美化一个人的话，那么没有一个年轻人是好看的。美就像夏天的水果，容易腐烂，不能持久。在大多数情况下，美会让人在年轻时放荡，在年老时有点儿容颜不再。但还是那句话，如果美能很好地发光，就能让才德闪耀，让恶习颜面扫地。

## 四十四
# 论缺陷

一般来说，有缺陷的人算是和大自然扯平了，因为大自然对他们不好，他们也对大自然不好。（就像《圣经》说的那样）他们中的绝大部分都“没有天然的情感”，所以说他们已经报复大自然了。当然了，肉体和精神是有一致性的，大自然在一个地方犯了错，她会在别的地方冒险的。但是，因为人是可以选择自己的精神构造的，人还必须有肉体构造，而决定天生性情的星座有时又会被守纪律、讲美德的太阳遮住，所以，最好不要认为缺陷是一种更能骗人的标志，而要把它看成是一种总会发挥效力的原因。

无论是谁，只要他有固定在自己身上的会招来别人蔑视的任何一种缺陷，就会不断地激励自己摆脱嘲笑，因此，所有有缺陷的人都极为勇敢。首先，在遭人嘲笑时他们要保护自己，而随着时间的推移，这种勇敢就成了一种普通的习惯。还有，缺陷会促使他们勤奋，特别是那种留意和观察别人的弱点的勤奋，这样他们就有回敬别人的东西。再有，优秀的人会抑制自己对他们的嫉妒心，因为这些人认为可以随意鄙视他们。他们的竞争者和仿效者也会放松警惕，因为这些人从不认为他们有可能升迁，直到他们已经升迁了他们才肯相信。这么来看，对雄才大略的人来说，有缺陷倒是一种飞黄腾达的优势。

古代（和现在一些国家）的帝王们习惯于非常信任宦官，因为宦官嫉妒所有的人，而嫉妒所有人的人对一个人会更尽职。但帝王们信任他们不过是把他们当成好的密探和好的告密者而不是好的官吏。这和有缺陷的人的情况很像。还是这个观点，那就是，如果他们很有勇气，就一定会努力地把自己从嘲笑中解放出来，其方式不是借助才德，就是借助恶意。所以有缺陷的人有时会很优秀也就不足为奇了，如阿盖西老、苏莱曼一世之子桑戈尔、伊索以及秘鲁总督加斯卡。另外，苏格拉底和其他一些人也可以算在内。

# 四十五
# 论建筑

盖房子是为了住在里面，不是为了在外面看。所以，除非二者可以兼而有之，否则还是要先考虑实用性。把那些只是为了美观而设计的房屋构造留给诗人的魔宫好了，他们用很少的钱就能盖起来。在糟糕的地方盖很好的房子的人等于在让自己坐牢。我认为的糟糕的地方不仅是空气有损健康的地方，还包括空气流动不均匀的地方。你会看到很多好看的建筑坐落在小山丘上，四周都是更高的小山，太阳的热气淤积于此，风也聚集于此，就像水注满水槽。于是你就会突然感受到强烈的冷热差别，好像你住在几个不同的地方一样。能让一个地方变得不好的并不仅仅是糟糕的空气，还有糟糕的道路和集市。如果你征求摩莫斯①的意见，还要加上糟糕的邻居呢。

我还没说更多的事呢，缺水，缺树和能遮挡的东西，果子少，土质也混杂，没什么风景，平地也少，缺少就近可以打猎、放鹰、赛马的地方，离海太近或地方太偏，没有可供

① 在希腊神话中摩莫斯是嘲弄和非难指责之神，以挑剔众神和凡人的毛病为乐。——译者注

航行的河流，有了河水又会泛滥，离大城市太远会妨碍做事，离得太近又会让所有的日用品价格昂贵，可以让人生活在一起的地方也是让人受限制的地方。所有这些情况不可能都凑在一起，所以要很好地了解它们、考虑它们，以便可以尽可能多地选取有利的地方。

如果一个人有几个住处，他就可以这么安排，在一个地方没有的东西可以在另外一个地方找到。卢库勒斯[①]对庞培回答得很好。有一次，庞培看到了卢库勒斯的一处住所中富丽堂皇的走廊和宽敞明亮的房间，就问道："确实是个消夏的好地方，可你冬天怎么办？"卢库勒斯答道："为什么这么问，难道你不认为我和一些鸟类一样聪明吗，就是每到冬天就会变换住所？"

从房子的选址说到房子本身，我们会按照西塞罗在说他的演说技巧时说的那样去做的。他写过有关演说者的书，还有一本名叫《演说家》的书。前者论述了演说的戒律，后者论述了完美的演说。我们将描述一所王宫，把它当作一个简明的范本。奇怪的是，现在的欧洲的确有像梵蒂冈和埃斯科里亚尔[②]之类的巨型建筑，但里面几乎没有一间很美的房间。

---

① 古罗马将军兼执政官，以巨富和举办豪华盛宴著名。——译者注

② 建于16世纪末的修道院。——译者注

所以，我首先要说，如果你想有一座完美的宫殿，就要有两个不同的面。一面作宴请用，就像《圣经》里说的那样；另一面作住宅用。就是说一面用作举办盛会，一面用作居住。我说的这些面并不仅限于建筑后边，也可以是正面的一部分。而且，尽管内部被分为几部分，但外部还要一致。这两面要位于正面正中的一座宏伟壮观的塔楼的两侧，好像是这座塔楼把两面连在了一起似的。

我认为在宴会厅那一面的正面的楼上有一个好房间就行了，大约 40 英尺高。在这个房间下面，要有一个举办盛会时用来穿衣打扮或做准备的房间。在另一面，就是用来居住的一面，我希望能首先隔出一个大厅和一个小礼拜堂来（用隔扇隔开），二者都要既美观又宽大，但不要把所有的地方都占了。在很靠里的地方要有一间夏天的客厅和一间冬天的客厅，两间客厅都要美观。在这些屋子下面要有很好、很大的地窖，还要有附带操作间和储藏室的小厨房以及其他类似的地方。

至于那座塔楼，我认为应该高出两翼盖两层，每层高 18 英尺。要用铅皮做屋顶，围上栏杆，并摆放雕像。这座塔楼要按需要被隔成房间。通往上层的楼梯应该依一条好看的露在外面的中柱而建，并用被染成黄铜色的木质雕像美观地围起来，在楼梯顶部还要有一块非常好看的落脚的地方。如果想这样，就不能在下层给仆人留出任何一个房间做餐厅用，否则你就得让仆人们在你吃完饭后再去吃，因为蒸汽会冒上来，就像从烟道里冒出来一样。

关于房子的前面就说这么多。不过我认为头一层楼梯的高度应该是16英尺，刚好是楼下房间的高度。

走过房子的前面后应该看到一个好看的庭院，只有三面有屋子，而且都比前面的建筑低很多。院子的四个角里都要有好看的楼梯，楼梯要嵌入建在外面的角楼里。角楼不能和整个建筑排成一行，还不能和前面的屋子一样高，应该和较低的屋子很搭配。庭院不要铺砖，因为这会让夏天很热、冬天很冷。只有在边上的带有十字路的小道可以铺砖，其余的地方铺草。草始终都是短的，可也不能太短。

在宴会厅那面的一排房子应该都是富丽堂皇的走廊，要有三五个精美的等距离摆放的穹顶，还要有绘有各种图案的精美的彩色窗户。在住所这面应该有大厅和平时用的娱乐室，附带些卧室。这三面的房子要全是双层的，阳光不会照到每个面，这样你就可以有上、下午都能避开阳光的屋子。再打造一下，你就可以有消夏和过冬的屋子，夏天避暑、冬天温暖。

有时你会看到满是玻璃的屋子，多得让人说不出该去哪儿躲避日晒或寒冷。至于飘窗，我认为它们很有用（在城市里，考虑到临街窗子的一致性问题，直窗的确更好），因为是适合会谈的很幽静的地方。此外，它们还能阻挡日晒风吹，因为几乎可以侵袭整个屋子的日晒风吹很少能经过这种窗子。但也只能有几个这样的窗子，四个，在庭院里，而且只能在边上。

过了这个院子应该有一个内院，面积与高度和前面的院子一样。它的四周要都是花园，里面要有回廊环绕。回廊要建在匀称、美观的拱门上，高度要和第一层楼一样高。在下面靠近花园处应该建个洞室或者遮阳蔽日的地方，它们的窗子只能朝花园开，而且要建在地上，不能凹入地下，以避开所有的潮湿。院子的中央该有一个喷泉或者一些好看的雕像。铺路的方式要和前边的院子一样。

所有建筑的两侧都该用作私人住所，最靠边的地方用作私人陈列室。你还得有这样的预见，那就是，如果哪个贵族或特殊人物生病了，就得有一间医疗室，并配有会客厅、卧室、前厅和后厅。这些都该设在二楼。地面那层应该有个好看的、开放式的、有柱子的阳台。第三层也一样，要有个开放式的有柱子的阳台，以便看到花园的美景，呼吸到新鲜的空气。

在最边上的两个角，也就是拐角的地方，应该有两间精致或华贵的陈列室，地面要雅致，摆挂的东西要华丽、丰富，窗玻璃要晶莹剔透，中间的穹顶要富丽堂皇，其他所有可以想到的雅致的东西也一样。至于上面那层的廊座，如果地方允许的话，我希望那儿可以有几个从墙上往下流水的喷泉，要有很好的可以避开水流的设施。有关王宫式建筑模型就说这么多。

还有件事。在抵达王宫前，必须先经过三个院子，第一个是绿草铺地的朴素院落，四周有墙；第二个院子也一样，只是多了些装饰，或者说就是个点缀，即在墙上加个小角楼；第三个院子要和王宫构成正方形，不要用光秃秃的墙去围它，要用分布在三面的装饰精美且有铅顶的露台去围它。里面还要有回廊，回廊要用柱子支撑，不要用拱门。至于公事房，要放在远处，并配以低矮的走廊，以便从公事房走到王宫。

# 四十六

# 论花园[①]

万能的上帝最先创建了一个花园。[②]花园确实是人类诸乐事中的最纯粹者，也是最能使人类精神焕然一新者；若没有它，建筑和宫邸只不过是些人为的粗俗物罢了。纵观历史，我们往往可以看到，当时代发展到讲究教养和优雅的时候，人们就开始兴建宏伟壮观的建筑，然后才是精美雅致的花园，就好像精雕细琢的园艺更能彰显完美似的。

我的确认为，在具有皇家风格的花园——园林中，应该有一年各个月份都适合用来休憩、游乐的；在其中，每个月都有合时的漂亮的花草树木。对于十一月后期和十二月、一月这段时期来说，应该有在整个冬季保持常绿的植物，比如冬青树、常春藤、月桂、杜松、柏树、紫杉、松树、冷杉、迷迭香、薰衣草、（白色的、紫色的和蓝色的）长春花、石蚕花、鸢尾花，若有温室，还应有橙子树、柠檬树、桃金娘等，向阳处要种马郁兰草。

---

① 此篇由陈小白先生翻译，特此感谢。

② 这句话出自《旧约·创世纪》二章八节。——译者注

接下来，对于一月后期和二月，应该有该时节开花的瑞香树、黄色和灰色的番红花、报春花、银莲花、早开的郁金香、荷兰风信子、小鸢尾、贝母。对于三月来说，要有紫罗兰，尤其是开花最早的单瓣蓝色紫罗兰，还要有黄色的水仙花、雏菊、多花蔷薇以及鲜花盛开的杏树、桃树、山茱萸。

接下来的四月，要有双瓣白色紫罗兰、桂竹香、香紫罗兰、黄花九轮草、蝴蝶花、种类各异的百合花、迷迭香、郁金香、重瓣牡丹、浅色的水仙花、法国忍冬、丁香树、鲜花盛开的樱桃树、李树、达玛树以及长出新叶的山楂树。五月和六月，要有各种各样的石竹，尤其是粉色的石竹；各种各样的蔷薇，开花较晚的麝香蔷薇除外；以及忍冬、草莓、牛舌草、耧斗草、法国万寿菊、非洲万寿菊、结果实的樱桃树、茶藨子、结果实的无花果树、覆盆子、葡萄花、正值花期的薰衣草、开着白花的香兰、百合草、铃兰、开花的苹果树。

七月，应该有种类各异的紫罗兰、麝香蔷薇、开花的酸橙树、早熟的梨树和结果实的李树及两种苹果树。八月，要有各个种类结着果实的李树、梨树、杏树、伏牛花、榛子树、甜瓜及各种颜色的僧冠花。九月，要有葡萄、苹果、各种颜色的罂粟花、桃树、半边红而肉色黄的桃子、油桃、山茱萸、冬梨、榅桲树。

十月和十一月初期，要有花楸果、枸杞、紫野生李、蜀葵、经过嫁接或移植而晚开的蔷薇等植物。上面提到的这些花草树木都是就伦敦的气候条件而言的，但我的意思是一想便知的，那就是要因时、因地制宜，使之始终“花团锦簇、四季常青”[①]。

花的香气飘在空中（它就像柔和的音乐颤音一样在空中飘来飘去）比捧在手里闻要芬芳得多，所以，再没有什么比懂得哪些花草树木最能芬芳四溢更令人愉悦的了。淡红的和大红的玫瑰是香气淡不可闻的花，所以，即使你从一大排此类玫瑰旁边走过，也一点都闻不到什么香气，甚至当它们沐浴在晨露中亦如此。同样的，成长中的月桂也不散发香气。迷迭香不怎么散发香气，墨角兰也如此。在所有的花草树木中，能在空气中散发出最浓郁的香气的要数紫罗兰了，尤其是白色重瓣紫罗兰，紫罗兰一年开两次花，一次在四月中旬，一次在圣巴索罗缪节[②]前后。香气稍淡点的是麝香蔷薇，接下来的是快要烂掉的草莓叶子，它散发出一种沁人心脾的香气。再接下来就是葡萄藤上的花了，这种花很小很小，就像小糠草的草籽，最初开花的时候是成穗的。然后是多花蔷薇。其后是桂竹香，把它安放在客厅的窗户或者卧室里位置较低

① ver perpetuum，意为“永恒的春天”。

② 圣巴索罗缪节，伦敦每年8月24日举行的狂欢节。——译者注

的窗户下面，是非常令人愉悦的。接下来是各种各样的石竹和紫罗兰，尤其是花坛石竹和丁香石竹。然后是酸橙树花。其后是忍冬花，只是赏花时最好离远点。关于豆花我不想谈论，因为豆花是田野里的野花，并不是观赏花卉。但是有三种花，其最沁人心脾的香味不像其他花草一样从旁边经过就能闻到，而是要在被踩踏和压碎之后才散发出来，那就是地榆、野百里香和水薄荷。所以，花园的小径上应该种满这几种花，当你漫步或踩踏其上的时候，便可享受这份乐趣。

对于花园（这里谈论的是其中的富丽堂皇者——园林，就像上文“论建筑”部分一样）来说，其面积绝不应少于三十英亩，而且要分成三个部分：入口处是一片绿地；出口处是灌木丛或荒地；花园的主体部分——正园处在正中间；此外，两旁是人行小径。我以为，用作绿地的面积应该有四英亩，灌木丛六英亩，园地两边各四英亩，正园十二英亩。

入口处的绿地可带来两种乐趣：其一，再没有比修剪得整整齐齐的绿地更令人赏心悦目的了；另外，在绿地中间修一条漂亮的人行小径，往前可到一片壮观的树篱之前，而树篱所围的就是正园。不过，如此一来这条小径就嫌长了点，因为在夏日炎炎或艳阳高照的时候，通过小径到正园纳凉就有被阳光暴晒之虞，所以，应该在花园两旁各建一条带棚的游廊，高约十二英尺，由木匠进行精雕细刻，人们经由游廊可一路在荫凉下直达正园。许多花园用各种颜色的泥土安设花坛，摆放成各种图案，再把它们放在毗邻花园的房屋的窗户下面，这种做法不过是小打小闹罢了，常常可以在馅饼上见到类似的装饰图案。

正园最好是方形的，四面以壮观的带拱门的树篱环绕，拱门由精雕细琢过的木制柱子支撑，约十英尺高、六英尺宽，拱门的间距应该与每个拱门的宽度相同。拱门上方应架设一圈完整的树篱，同样是木制框架；在这上层的篱墙上面，每一个拱门的上方，应修建一个小小的尖塔，中空的尖塔内部足以容得下一个鸟笼。这些拱门之间的部分，每一个的上方都应该设计各不相同的小图案，盖上大块的颜色各异的玻璃块，阳光照在上面可呈现绚丽多姿的效果。但是这树篱，我觉得应该建在约六英尺的斜坡上，坡不陡，平缓而下，斜坡应种满鲜花。

还有，我认为，这个方形的正园不应该占满整个园地的宽度，两边应留出空余的地方，足以修成几条不同的通幽小径，这些小径可分别通往上述两条带盖的绿地游廊。但是在这个正园的两头，不得修建带树篱的小径；如果在前头修了它，从前面的绿地望过来的时候，就看不清这漂亮的树篱；

如果在后头修了它，从这树篱通过拱门往外看的时候，就看不清后面的灌木丛。

对于在这大树篱里面的园地的布置，我留给各位施展拳脚、各显神通。不过，我给大家一个忠告，不论你怎么设计，首先不可设计得过于紧凑或满满当当的。就我这方面来说，我就不怎么喜欢在正园中的桧树或其他园木上雕刻图案，这类图案是给小孩子看的。小而低矮的树篱，边上修成圆圆的，附带些漂亮的小尖塔，这是我比较喜欢的。此外，在某些位置的木制梁上应架设些漂亮的柱子。我还喜欢园中的通路宽敞而别致。两旁的空地上倒可以修一些较窄的有棚的小径，但在正园中不可这么做。我还希望，在园地的正中央建一座漂亮的假山，从下到上分三层，还有山道，可供四人并肩而行。我想，这些山道环绕而建，应尽善尽美，不附有任何起保护作用或凸出来的建筑物。整座假山应有三十英尺高，山上建一所精致的宴客厅，带有布置得干净、整洁的壁炉，窗户上不要有太多的玻璃。

对于园中的泉池来说，它们是供人欣赏和恢复精神的景致。而水塘一类的东西则破坏一切，使花园到处都是蚊蝇和青蛙，有害于身心健康。我觉得泉池应该有两类：一类是喷水式的喷泉；另一类是蓄水用的观赏池，约三四十平方英尺，但池内不得有鱼、土或泥。对于第一类的喷泉，如今流行使用镀金图案或大理石的雕像一类的装饰品，这些的确不错，主要问题是疏通水流，这样，水才绝不会淤在低洼处或池中不动，也绝不会因他物而变色，诸如泛绿、发红之类，或者聚集青苔或腐烂之物。此外，还应当每天进行人工清洗。池中设一些台级，池边铺一些精美的人行道也是不错的。对于后一类我们可称之为“浴池”的观赏池，是可以作许多奇思妙想和美化的，对此我们不作赘述。比如，对池底进行精美的铺设并砌出图形；池边也照样铺好；此外，饰以彩色玻璃和类似有光泽的东西；周围环以由小雕像组成的精美的围栏。不过，其主要问题和我们在第一类的泉池中提到的是一样的，即要使水始终处于流动状态。高于水池的水源顺流而下，经由具有美感的喷嘴流入池中，再通过水管让水从地下流出，这样水就不会积存。至于使水流成拱形而不四溅、使水向上喷出各种花样（如羽毛、酒杯、华盖等形状），这样的精巧设计看起来倒是挺美，但对于调养身心来说，是没什么意义的。

对于园中的灌木丛，即我们的规划中的第三部分，我希望它在风格上尽可能粗犷一些。里面不应当有任何树木，只应有由多花蔷薇和忍冬组成的小树丛，其间掺杂一些野葡萄之类的植物，地上再种些紫罗兰、草莓和报春花。因为这些花散发着芳香，而且多生长在阴凉处。这些花应随意地点缀在灌木丛中的各处，不要安排得太齐整。我还喜欢自然形成的鼹鼠丘一类的小土堆，比如野生灌木丛中的那种。这类小土堆上面应栽种花草，比如有些种野百里香；有些种石竹；有些种石蚕花，这种花很养眼；有些种长春花；有些种紫罗兰；有些种草莓；有些种黄花九轮草；有些种雏菊；有些种红玫瑰；有些种铃兰；有些种红色捕虫瞿麦；有些种斗篷草……以及诸如此类虽不怎么名贵但却好闻又好看的花草。这些小土堆中，一部分应该在土堆顶上种小束的直立灌木，一部分则不种。这些直立灌木应该是玫瑰、杜松、冬青、伏牛花（不过，因为此花味道浓郁，应该零散地种在各处）、红酸栗、桃金娘、迷迭香、月桂、多花蔷薇，等等。不过，这些直立灌木应该经常进行修剪，以免长得凌乱而不美观。

对于园中的边地，应该在其中尽量多设不同的小径，幽静且能充分地遮阳，不论阳光从哪个方向照来，都有部分小径遮阳。另有些小径应能遮风挡雨，这样，在狂风肆虐的时候，走在其中就好像漫步于有遮挡的走廊一样。遮阳的小径必须在两头种上篱墙用以挡风；挡风的小径必须精细地铺上碎石，不得有任何杂草，以免使路面湿滑。而且，在许多的这类小径上，应种植各种类型的果树，使它们像挨着墙一样整齐成行。有一点通常要注意，那就是这些果树外围的边界，应该美观、大气、低矮而不急剧升降；安置些精美的花，不过得稀疏些，以免它们与果树争养分。在两旁边地的尽头处，应当各建一座适当高度的假山，使其外围的墙不高过齐胸处，站在山上，四周的风景便可尽收眼底。

对于正园，我并不否认里面应该有雅致的小径，整齐地排在两边，路旁种上果树，还应有一些漂亮的果树丛和带有座位的亭子，排列得有序、得体。但是这些东西切不可弄得太密，而应使正园不至于密密层层，让园中的空气畅通无阻。关于荫凉的问题，我已经作了安排，依靠两侧边地的小径即可，若你愿意，完全可以在夏日炎炎或烈日当空的时候漫步于其中。但是需要说明的是，正园是适合在一年当中较温和的季节过来享用的，而在炎炎夏日，则适合在早晨、晚上或阴天过来享用。

对于在里面建大型鸟笼，我是不喜欢这类东西的，除非它们够大，足以在里面植上草皮并种上活的植物或灌木丛，使得鸟儿有较大的空间自由地飞翔和自然地筑巢，而且不要有任何鸟粪之类的东西出现在鸟笼的地面上。

上述内容，就是我对富丽堂皇的花园所构造的基本框架，部分靠想象，部分靠描绘，不是一个具体而微的模型，而是粗线条的大致轮廓。而且，这里面我丝毫没有考虑节省费用的问题。不过，我的这个构想对于王公贵族来说什么都不是。

在园林建设一事上，他们大部分人会采纳匠人的意见，把他们说的东西拼凑在一起，但丝毫不比我所说的省钱，而且，他们有时候还加建些雕像一类的东西，这是出于对堂皇富丽的追求，却丝毫无助于真正的园林乐趣。

# 四十七
# 论交涉

一般来说，口头交涉比信函交涉好，有第三人在中间调和比本人自己交涉好。如果一个人想得到书面回答，或者日后想用自己的信函来为自己辩解，再或者被人打断谈话或听不全谈话可能是件危险的事，那么用信函交涉就是好的。如果一个人的脸能让人心生敬畏，就像通常上司对下属那样，或者在很微妙的时候，也就是当一个人看着听他说话的人的表情就能知道该说多少话时，还有就是一个人想保留自己否认或解释的自由时，当面交涉就是好的。

在选择替你交涉的人时，最好选朴实的人。他们会照你的吩咐去做，还会老实地告诉你结果。不要找能巧妙地促成别人的事，以便给自己带来荣耀，并会为了让人满意而在汇报时粉饰事实的人。还要用那些只要雇了他们他们就会喜欢做事的人，因为这会大大加快进度。还有些人也适合做事，比如，勇敢的人适合去抗议；能言善辩的人适合去劝说；有心计的人适合去打听和观察；冒失、可笑之人适合去做不太合理的事。还要用有运气的人，以前你雇他们时，他们是很胜任的，这会让他们很自信，他们会努力保持住这些。

要想打探和你打交道的是个什么样的人，最好先远离主题，而不是一下子就切入主题，除非你就想用些很干脆的问题让他吃一惊。最好能和正想解决问题的人交涉，而不是那些无所谓的人。如果一个人和另一个人打交道是有条件的，那么一开始的表现就是一切了，因为一个人不能合理地要求什么，除非事情的性质要求必须先这么做，或者这个人能说服对方自己在其他一些事上也会需要他帮忙，再或者他被认为是个诚实可靠的人。

交涉所做的一切无非就是观察或者行动。人们在被信任时、有激情时、没有防备时、有需要时以及想做成某事但却找不到合适的借口时，就会发现自己是个什么样的人了。如果你想利用谁，就必须知道他的天性和方式，以此来引导他；或者知道他的目的，以此来说服他；或者知道他的弱点和不足，以此来让他心生敬畏；或者知道什么人对他有利，以此来控制他。和头脑灵活的人打交道时，必须总是想着他们的目的，以便理解他们的话。此外，最好对他们少说话，而且说的都是他们想不到的。对所有艰难的交涉来说，不能指望播种后立即收获，一定要有所准备，以便让它慢慢成熟。

## 四十八
# 论追随者与朋友

代价太高的追随者是不能喜欢的，怕的是一个人把自己的裙裾弄得很长，却把自己的羽翼削得很短。我认为的代价很高的人不仅包括那些需要为他们花钱的人，而且包括令人厌烦和胡搅蛮缠的人。一般的追随者不能要求比主人的接受、引荐和保护更高的条件。主人更不能喜欢讲宗派的追随者，因为他们不是因为爱你才和你站在一边，而是因为对其他一些人心怀不满。所以我们常常能看到大人物们之间会出现智商不够的情况。

同样，炫耀型追随者会四处宣扬他们所追随的主人的名声，这很不利，因为他们会泄露机密，这样会坏事的。他们还会散播主人的荣誉，这会让人嫉妒主人。还有一种与之类似的追随者，他们是危险的。其实他们就是探子，打听主人家里的事，再把有关的流言蜚语告诉其他人。可这种人往往很招人喜欢，因为他们很会伪装，而且通常都会交换些传言。

跟随特定阶层的人，听从某个了不起的人的吩咐（就像士兵听从某个参加过战争的人的命令一样等等），从来就是民事。即便是在君主国，只要别声势浩大、广受拥护就行。最值得尊敬的那类追随者会去追随知道如何增进各种人的才德的主人。但是，如果没有才华出众的人，那么用才华一般的人比用比较能干的人要好。另外，说真的，在卑污的时代，积极肯干的人比自命清高的人要有用。

真是这样的。在一个政体中，任用级别都一样的人是个好做法，因为如果破格任用，被用之人就会嚣张，其他人则会不满，他们会要求同样的待遇。相反，就个人而言，要用与众不同的人，还要经过挑选，因为这样可以让被用之人更感恩，让其他人更殷勤，因为一切都要看是否得宠。

一开始不要给任何人太多东西是个好的谨慎的做法，因为没人能一直提供那么多东西。只归一个人管（正如我们所说）的人是不安全的，因为这表明他是软弱的，他还会任意散播丑闻和恶名。原因是那些不会立即谴责一个人或说他坏话的人，会很大胆地谈论对他们十分重要的人，这就会损害这个人的名誉。但把注意力分散到很多人身上会更糟，这会让人只记得最后一个人，并且总是改变主意。

只采纳几个朋友的意见永远都是值得尊敬的做法，“因为旁观者往往比当局者看得清楚”，并且“有了山谷才能显出山之高”。世间的友谊很少，地位相同的人之间的友谊最少，也不会增进。友谊都是在优秀和较差的人之间的，因为他们的命运可能休戚与共。

## 四十九
# 论托情

很多坏事和坏计划都有人做，私下托情就是损害公共利益的事。很多好事都是由坏心做的，我指的不仅是腐化之心，而且包括说一套做一套的狡猾之心。有些人欣然接受托情之事，心里却从没想过要切切实实地去办。而一旦他们发现借助某些其他手段事情可能会办成，就会很想赢得托情人的感谢或得到额外的奖赏，至少也会利用一下托情人的希望。还有些人接受托情只是为了阻挠另一些人或散布些消息，否则很难找借口。一旦达到目的，他们就不关心托情的事，或者，一般来说，他们会借助其他人的事把自己的事带进来。不仅如此，有些人接受托情完全是为了让事情办不成，为的是让托情人的对头或竞争者高兴。

在每件托情之事上的确存在某种正确与否的问题，如果是有关争议的托情，那就有是否公平的问题；如果是有关诉求的托情，那就有应不应当的问题。如果一个人因为个人感情而在司法程序中偏袒过错方，那他就该利用他的影响缓和此事，而不是一意孤行；如果一个人因为个人感情偏袒了不太够格得到某些东西的人，那他就不要在让这人得到某些东西的同时损毁那个更该得到某些东西的人。如果遇到了自己不太懂的托情之事，最好去请教自己信任的有判断力的某位朋友，他会告诉你该不该做。但选择这样的人时要很谨慎，否则会被牵着鼻子走。

托情人对拖延和辜负信任会非常反感，所以，要明明白白地处理这种事。若拒绝办理就在一开始告诉他们；报告事情的结果时要有一说一；接受谢意时只接受应得的那些。这种处理方式值得尊敬，而且很仁慈。遇到想得到一些好处的托情时，不要先入为主，要十分谨慎地对待来人对自己的信任。就是说，如果关于此事的消息只能通过那个人才能得到，就不要利用这个消息，让他去找别的途径，还要因为他的发现给他一定的奖赏。

不知道托情之事的价值是无知的表现，这和不知道什么是公正、什么是没良知的表现一样。为托情之事保守秘密是办成此事的极好手段，因为冒冒失失地声张会让某种托情人很沮丧，但会唤醒和鼓舞另一种托情人。托情之事主要还在托情的时机。我所说的时机不仅是是否有人刚好准了你的请求，而且还是刚好没人从中作梗。在选择帮自己说情的人时，要选最合适的人，而不是最有实力的人；要选专办某些事的人，而不是什么都办的人。

如果一个人既不会沮丧也不会不满，那么对他被拒绝所作的补偿有时就相当于一开始就答应了他。如果一个人有得宠的实力，那么“索要更多就是正好，这样才能得到正好的东西”就是一条好原则；如果不是这样，那这个人最好是在自己托情的事中逐渐增加要求，因为敢第一次就不怕失去所托之人的人，是不会在最后既丢了所托之人，又丢了自己以前送出去的好处的。通常认为向一位大人物索要一封引荐信是最容易不过的请求，然而，如果没个好理由，就对写信的名誉有所防碍。没有比这些一般般的托情策划者更糟的工具了，因为他们不过是一种针对公务进程的毒药和传染病而已。

# 五十
# 论 学 问

学问是用来得到快乐、美化自己和增长才干的。其主要作用，在得到快乐方面，体现在私人和隐居生活中；在美化自己方面，体现在谈吐中；在增长才干方面，体现在对事情的判断和安排上。行家能完成计划，可能也能对个别事情一一判断，但最能对事物进行总体建议、谋划和部署的是有学问的人。花太多时间做学问是懒散；把学问过多地用在美化自己上是矫饰；完全按照学问上的规则判断事情是学究气。

学问可以完善天性，而借助经验又可以完善学问本身。天生的才干就像自然生长的植物，需要用学问去修剪；而如果没有经验的限定，学问本身给出的方向就会过于笼统。狡猾之人蔑视学问；无知之人倾慕学问；明智之人利用学问。学问本身并不教人如何利用它，但利用学问却是一种学问之外和学问之上的智慧，是靠观察才能得到的。不要为了反驳和驳斥去读书，不要为了轻信和盲从去读书，也不要为了找话题和谈话而读书，要为了权衡和思考而读书。

有些书可以品读一下，另外一些可以囫囵吞枣地读，而不多的几本书是要细嚼慢咽地反复读的，而且还要消化。就是说，有些书只读一部分就行；另外一些可以读，但不用很仔细；有几本书是要全读的，并且要刻苦地读、全神贯注地读。有些书可以让副手代读，并让他们摘录重点，可这只限于不太重要的论点和次要的书，否则被人提炼过的书就和普通的被蒸馏过的水一样，是一种俗物。

读书可以让人充实；交谈可以让人才思敏捷；写作可以让人精确。所以说，如果一个人写得少，那他就得有非常好的记性；如果他谈话少，那他就得有随机应变的机智；如果他读书少，那他就得脑子很灵，自己不知道也像知道一样。历史学使人明智，诗歌使人机智风趣，数学使人敏锐，物理学使人精深，伦理学使人庄重，逻辑与修辞学使人善辩。“学问可以塑造性格”。

不仅如此，心智上的任何障碍都可以通过相应的学习克服掉，就像身体上的疾病可以配合相应的锻炼来治疗一样。打保龄球对结石和肾脏有好处，射箭对胸肺有好处，散步对胃有好处，骑马对头部有好处……等等。所以，如果一个人总是不专心，就让他学数学，因为在求证过程中，稍微不专心就得从头再来；如果他不善于区分或辨别，就让他学经院派，因为他们连头发都会劈开来分析；如果他不善于由表及里、由此及彼，就让他研究律师的案子。因此，心智上的任何缺陷都有专门的补救方法。

# 五十一
# 论派系斗争

很多人都有这种不明智的观点，那就是君王治国或者大人物管事，其政策的要点是兼顾各党派的利益。最大的智慧却与之相反，它体现在是否能规范总体性事务，让各个党派不得不赞同，或者是否能一对一地处理某派之人的事。可这并不是说无须考虑党派问题。出身卑微的人在升迁过程中必须依附别人；而出身显赫、本身又有实力的人，则最好保持不偏不倚的中立态度。刚踏入仕途的人要非常适度地依附，因为一个最能被别的党派接受的某党派中的人，通常都会有最好的升迁之路。

地位较低、实力较弱的党派的凝聚力会比较强，而且经常能看到性情刚烈的少数人把比较温和的大多数人拖垮。如果一个党派被灭掉了，剩下的党派就会分裂。卢库鲁斯和古罗马元老院中的其他贵族组成的党派（就是他们所说的“贵族派”）曾和庞培在开始时对抗了一阵，可在元老院的权威被打倒后，恺撒和庞培不久也分裂了。安东尼和屋大维的党派与布鲁图斯和卡西乌斯也这么对抗了一阵，可当布鲁图斯和卡西乌斯被推翻之后，安东尼和屋大维很快就分裂了。这些例子都是有关战争的。

私下的党派之战也一样。那些在某党派中处于次要地位的人，往往会在党派分裂时成为主要人物。但他们也常常会成为无足轻重的人并被弃用，因为很多人的实力都在斗争上，一旦斗争失败，他就没有用处了。总是能看到这样的人，他们想加入与自己对立的党派，认为自己已经在最初加入的党派中站稳了，现在可以做新的买卖了。党派中的叛徒很少会受到惩罚，因为在事情僵持不下时，如果能赢得一个人，就可以保住党派的地位，这么一来，这个人就会得到所有的感谢。

在两个党派之间保持中立并不总是因为态度温和，有时会因为这符合自身利益，目的是利用双方。在意大利，嘴里总是念着“众人之父”的人们对教皇是有点怀疑的，他们认为这正是教皇以自己家族的兴盛为出发点的标志之一。君王一定要注意自己的倾向，不能让自己加入某党或某派。国家中的联盟总是会危害到君主政体的，因为他们会提出一种和至高无上的义务差不多的义务，还会让君王成为“我们中的一员”，“法兰西同盟”就是这么做的。党派之争过于激烈时，证明君王很软弱，这会对他们的权威和事业很不利。君王之下的党派运动应该和（天文学家所说的）级别较低的球体运动一样，这些球体自有其正确的运动，可还是会安静地被较高级的运动带着走的。

# 五十二
# 论礼仪与尊敬

只靠自己的真才实干的人必须有非常出众的才德。就好像宝石，要想在镶嵌时不要任何陪衬，其本身必须很宝贵。如果一个人总是做得很好，就会知道从表扬和称赞中得利和赢利、挣钱是一样的。有句谚语是对的，那就是“小利可以发大财”，因为小利可以常来，大财只是有时会来。所以说，小举动会赢得大赞许，因为它们会不断出现，且引人注意，而所有的大才德却只会在发生大事时出现。

因此，好的礼仪肯定能给一个人的名声增色不少，它就像（女王伊莎贝拉[①]所说的）“一封永久性的表扬信”。要想有好的礼仪，只要不鄙视它们差不多就够了，因为这么一来，一个人就会留心观察别人的礼仪。剩下的就是要自信，因为如果一个人过于做作，就会失去魅力，而魅力是自然的、不矫揉造作的。有些人的举动就像一首诗，每个音节都经过考量。这样的人怎么能理解大事呢？他把太多的心思分散在众多的小事上了。

---

① 西班牙女王，曾赞助哥伦布航海。——译者注

一点儿都不讲礼仪等于是在教别人也不要讲礼仪，这样就会减少别人对自己的尊敬。在生人面前和正式场合中尤其不能不讲礼仪；但以礼仪为生，把它们抬得比月亮还高，则不仅会单调乏味，而且会减少说话之人的可信度。的确有一种可以有效地、留下印记地表达恭维的方法，如果一个人能得到的话，会有奇特用途的。

在同级中，肯定会有一个人被大家亲近的，所以最好矜持点儿；在下属间，肯定会有一个人被大家尊敬的，所以最好亲近点儿。任何事里都有他，等于是在找一个机会让人腻烦、轻贱自己。让自己适应别人是好的，只要能显出这是对别人的尊重，而不是为了方便自己。一般来说赞成别人是个做人的好准则，但要加些自己的话，比如，如果你要赞成他的观点，就该有所区别；如果你要跟着他行动，就该有些条件；如果你批准了他的建议，就要提出进一步的理由。

需要注意的是，人不能太擅长恭维，因为如果这样，他们的嫉妒者一定会利用这一点来损害他们的大才德。同样，办事时太注重礼仪、太留意时机也是不利的。所罗门说过，“看风的人不能播种，看云的人不能收获”。明智的人自己制造的机会比自己找到的多。人的举止应该像他们的衣服一样，不要太紧或过于讲究，而要便于做事或活动。

# 五十三
# 论赞扬

赞扬是才德的反映，但却和镜子可能给出映像的东西一样。如果赞扬来自普通人，那它多半是错的、没用的。这种赞扬都给了自负的人，而不是有才德的人，因为很多杰出的才德普通人都不懂，他们会称赞最低等的才德，惊叹或艳羡中等才德，对最高等的才德一点儿感觉也没有；对他们最有用的是表面上的才德。名誉的确像条河，能托起轻飘和中空的东西，淹没厚重和实在的东西。但是，如果赞扬来自既有素质又有判断力的人，那就会像《圣经》中说的那样，这种"美名有如香膏"，它香气四溢，且不易消逝，因为香膏的香气比鲜花的香气更持久。

赞扬背后的虚假理由非常多，因而一个人是可以对赞扬表示怀疑的。有些赞扬就是为了奉承，如果这个奉承的人很普通，他就会准备某些套话，对谁都可以用；如果这个人很有心机，他就会照着对方的样子拍马屁，就是说对方认为自己哪儿最好，他就对哪儿极度称赞；如果这个人很放肆，就会去找对方觉得自己最不足、最难堪的地方，坚定地说这些都是长处，让他别在意。有些赞扬则出于善意与尊敬，是对君王和大人物们应有的一种礼节，即“借赞扬来告知”，也就是在说他们是什么样的人时，实际上是要说他们该是什么样的人。

有些人受到的赞扬是恶意的、伤害性的，因为会引起别人对他们的嫉妒。“最坏的一种敌人就是赞扬你的人”，所以希腊的一句谚语说“受到伤害性赞扬的人，鼻子上会长小包”，这就像我们所说的“说谎的人舌头上会长水泡”一样。有理有节的赞扬则用得是时候，而且不俗，是很有益的赞扬。所罗门说：“早早起来大声称赞朋友的人，等于是在诅咒朋友。”过于夸大人或者事，一定会惹人反对，引来嫉妒和蔑视。

除个别情形外，自己称赞自己不大得体，但如果是称赞自己的官职或职业，则可以优雅、大度地说。罗马的红衣主教们都是神学家、修士和经院派，他们对文职事务有一个著名的蔑视和嘲笑的词，他们把有关战争、外交、司法以及其他世间的事都叫做“斯比艾瑞”，意思是郡官之下的事，好像这是些县、郡级官员以下的人和执法员才管的事，其实这些人做的事比红衣主教们的高深推断要好得多。圣保罗自夸时总会加一句“我说句蠢话”，可一说到自己的称呼，他就会说“我会夸大我的职务的”。

# 五十四
# 论自吹自擂

伊索的一则寓言真妙：苍蝇坐在战车的车轴上说："看我扬起的尘土啊！"有些自负的人也是这样，无论什么事，自身推动的也好，由更大的力量推动的也好，只要他们参与了一点儿，就会认为事情是他们做成的。爱炫耀的人一定得好斗才行，因为只有比较才能显出自己的光华。他们也必须行为过激，这样才能和自己的吹嘘相匹配。他们还不能保守秘密，因而也做不成什么事，就像法国谚语说的那样："吵吵的多，结果少。"不过这种品格的确可以用在民事上，当需要确立一种观点、造就一种名声时，不管是大德还是大才，这些人都是很好的吹鼓手。

还有，就像李维谈及安条克[①]和埃托利亚[②]人时说的那样，"两边都说谎有时会起很大作用"。比如，如果一个人和两个君王交涉，想让他们联合起来与第三方开战，那就要言过其实地在一方面前赞美另一方。再比如，在和两个人打交

---

① 塞琉西王朝国王，包括今叙利亚、伊朗和亚美尼亚。——译者注

② 古希腊城邦。——译者注

道时，通过假装对其中一方更感兴趣，从而让自己在双方的心中更有声望。通过这些以及类似的事，往往会从无中生出有来，因为谎言完全可以培育出一种观点来，而观点又能引发实质性的东西。

对将领和士兵来说，自吹自擂是必不可少的，因为这就像用铁来磨铁一样，借助荣耀，一种勇气可以磨砺出另一种勇气。对有很大风险的事业来说，借着冲劲和冒险，天生爱荣耀的人一定会为事业注入活力。而天生稳健、冷静的人则更像是压舱石，而不是风帆。对学问方面的名声来说，如果没有一些用来夸耀的羽毛，飞起来是很慢的。《鄙视荣耀》一类书的作者们也会让自己的名字出现在书名页上。苏格拉底、亚里士多德和盖伦①都是很爱夸耀的人。自吹自擂的确能帮人留名，因为人从不会一下子就看见才德，才德总是间接地得到该得的东西。如果没有加进些虚荣的东西，西塞罗、塞内加和老普林尼②的声望是不会经久不衰的。这些东西就像油漆一样，不仅能让天花板熠熠生辉，而且还能让它一直这样。

说了这么多，我说的自吹自擂却并不是塔西佗说穆森纳

① 公元2世纪的名医。——译者注

② 古罗马百科全书式作家。——译者注

斯的那种。穆森纳斯有种技能，可以通过自己的表现为自己的所有言行增色。这并不是在延展自己的虚荣心，而是天生就大气、有大勇的表现。如果这种品质出现在某些人的身上，就不仅是秀美的，而且是仁慈的，因为如果用得很好，谢绝、退让和谦虚就是炫耀的技能。在所有炫耀的技能中，最好的就是老普林尼说过的那种，即自己擅长什么就对也擅长这个的其他人慷慨地大赞特赞。老普林尼说得很妙："称赞别人是在为自己做正确的事，因为你称赞的那个人要么在你称赞的那方面比你强，要么比你弱。如果他不如你，可还是被称赞了，那你就更该被称赞了；如果他比你强，但却没被称赞，那你就更不该被称赞了。"明智之人会鄙视爱炫耀的人、愚蠢之人艳羡的东西以及寄生虫们膜拜的东西，这些人都是自己吹嘘的东西的奴隶。

# 五十五
# 论荣誉与名声

赢得荣誉就是把个人的才德和价值毫无瑕疵地展现出来。有些人之所以会采取行动就是为了得到荣誉和名声，或者对此产生影响。这种人通常会被人谈及，但很少有人会在心里赞赏。相反，有些人会在才德显露时有意掩饰，所以别人在评价他们时会低估他们。如果一个人做了件没人尝试过的事，或者有人尝试过但还是放弃了，又或者有人做成了，但当时的大环境不好，那么这个人就会得到更多荣誉，比做成更难的事得到的荣誉都多，在那些事上，他也就是个追随者而已。

如果一个人特别能掌控自己的行为，以至于自己的某个举动总能让每个党派或他们的混合体满意，那赞美声就更多了。如果任何事都参与，那么没做成事给人带来的耻辱就会比做成事给人带来的荣誉多，这样的人是不爱惜自己的荣誉的人。与另一个人相比的荣誉得失，其反射波最短、最快，就像被切了几个面的钻石一样。因此，人应该和自己的竞争者争荣誉，要胜过他，可能的话，要用他们的弓射得比他们还远。审慎、低调的追随者和仆役对一个人的名声大有益处，因为“所有的名声都来自一个人的家里人”。嫉妒是荣誉的溃疡，清除它的最好办法是表明自己的目的是求德，而不是求名，并把成功归因于天意和幸运，而不是自己的才德或谋略。

君主真正的荣誉等级是这样的，一等荣誉者是建国者和成立联邦的人，如罗慕路斯①、居鲁士、恺撒、奥斯曼一世②和伊斯迈尔一世③。二等荣誉者是制定律法的人，也被叫作“第二建国者”或“万代之君”，因为他们死后仍能靠他们订立的法令来统治，比如莱克格斯④、梭伦、查士丁尼⑤、埃德加⑥以及聪明人卡斯蒂王国的阿方索⑦，他为西班牙制定了《七部法》。三等荣誉者是“救国者”或“救世主”，他们让国家摆脱了内战的长期困苦，或者把国家从外族或暴君手中解救出来，如奥古斯都·恺撒、维斯帕先、奥里利安⑧、狄奥多里克⑨、英格兰国王亨利七世和法兰西国王亨利四世。四等荣誉者是开疆拓土或保卫帝国的人，他们凭借荣誉之战拓展疆

① 罗马城的建造者。——译者注
② 奥斯曼帝国创建者。——译者注
③ 波斯萨法维帝国创立者。——译者注
④ 古希腊斯巴达政治家和立法者。——译者注
⑤ 东罗马帝国皇帝。——译者注
⑥ 10世纪英国国王。——译者注
⑦ 西班牙国王。——译者注
⑧ 古罗马皇帝。——译者注
⑨ 东哥特国王。——译者注

域，或靠光荣的保卫战抵御侵略者。排在最后的是“国父”，他们治国有道，可以让自己所处的时代成为太平盛世。最后两种人不需要举例子，这样的人很多。

臣民的荣誉是这样分级的：一等荣誉者是负责处理国事的人，君王们会仰仗他们来处理最重要的事务，也就是我们说的“左膀右臂”。二等荣誉者是军事将领、伟大的领导者，如君王们的副将和在战争中立大功的人。三等荣誉者是受宠之人，比如可以宽慰君心的且与民无害的人。四等荣誉者是尽职之人，如身居高位且恪尽职守的人。还有一种荣誉，它可以被列入最高一等荣誉中，但却并不常见，那就是冒死或冒着很大危险为国家做好事的人，比如雷古卢斯[①]和德西乌斯父子[②]这样的人。

① 古罗马将军。——译者注

② 古罗马英雄。——译者注

# 五十六
# 论司法

法官们应该记住，自己的职责是解释法律，而不是制定法律或提供法律。不然的话，他们的权利就会像罗马教廷声称的权利一样，以解释《圣经》为借口，但却不照《圣经》解释，还添加和篡改，宣告一些他们找不到的内容，并通过展示古老来推介新奇。法官的学问应当多于机智；可敬应当多于可亲；审慎应当多于自信。最重要的是要正直，它是法官的本分，是应有的美德。（犹太律法上说）“搬走标记的人是要受诅咒的”，乱放界碑是要受谴责的，但如果错误地界定了土地和财产，那么不公正的法官才是搬走标记的主犯。一次有污点的判决比很多个有污点的举动所造成的危害都要大，因为后者只是弄脏了水流，而前者却是败坏了水源。所以所罗门会说：“正直的人需要乔装打扮地出现在自己的对手面前，这和污了的池水、脏了的泉涌是一样的。”

法官的工作与诉讼双方、辩护人、属下官员以及在他们之上的君主或国家都有关系。首先说说诉讼双方，(《圣经》

上说）“有人把审判变成了苦艾”，的确有人把审判变成了醋汁，因为不公平会把审判变苦，延迟又会把审判变酸。法官的主要职责是压制暴力和欺骗。就暴力来说，公开使用暴力的危害更大；就欺骗来说，秘密的伪装之下的欺骗更具危害性。另外，反复争论的案件就像是吃进的过量食物，应该把它们吐出去。

法官应该为自己的公正审判铺路，就像上帝靠抬高山谷、拿掉山峰为自己铺路一样。所以，当任何一方有强势、暴力诉讼、偷奸耍滑、串通一气以及动用权势的情况时，就是能看出法官的才德的时候，看他能不能让不公平变得公平，能不能在平等的基础上作出自己的判决。

“拧鼻子一定会拧出血”，压榨葡萄酒时，如果用力过猛，酒就会苦涩，会尝到葡萄籽。法官必须注意，不能过度解释和强行推理，因为没有比折磨法律还坏的折磨了。特别是刑事案，法官们应该注意，不能把震慑人的法律变成严酷地对待人的工具，不能带来《圣经》上说的落在人的头上的那种雨，因为严厉的刑法就像落在人民头上的“网罗之雨”一样。因此，如果刑法长期不用，或者已经不适合现在了，那就该让明智的法官限制使用，“法官不仅要询问案情，而且还要审时度势”。对于事关生死的案件，（只要法律允许）法官应该本着公平原则而以慈悲为怀，严厉地看事、悲悯地看人。

其次说说辩护人和法律顾问。耐心而严肃地听讯是司法的基本组成部分，而话太多的法官就是一件曲调不美的乐器。对法官来说，在规定期限内可以从律师那儿听到的消息却被他自己首先发现了，或者为了表现自己的机敏而很快打断证人或律师的话，再或者靠问问题来发现线索，尽管问题与案件有关，都是不得体的。法官在审讯中的职责有四个：指挥举证；节制过长、重复或无礼的发言；总结、提取和核对发言中的要点；作出裁决或判决。任何超出以上这些的职责都是多余的职责，它们要么是因为炫耀和喜欢而说，要么是因为没耐心听，或者是因为记性不好，再或者是因为缺乏沉稳、均衡的注意力。

看到滔滔不绝的辩护人可以胜过法官会让人觉得很怪。法官是应该仿效上帝的，因为他们坐在上帝的座位上，而上帝是抑制暴虐、施恩温良的。更怪的是，法官还有自己宠信的有名律师，这只会让费用成倍增加，并有旁门左道之嫌。在案件办理得很好、申辩得也很公正时，法官应当称赞辩护人，并给予一些荣耀。对败诉的一方更要这样，这可以维护住辩护人在委托人的心中的信誉，同时打击一下他的自负心理。同样，如果辩护人很奸诈，有重大疏忽，提供的证据微不足道、咄咄逼人或强词夺理，那么法官也应该为了公众而对辩护人进行有理有节的指责。律师不能在法官面前舌剑唇枪，也不能像给自己上发条一样，誓言要在法官宣判后重新诉讼。另一方面，法官不能迁就律师，也不能给他代理的一方找借口，说“还没听到他的辩护或证词”。

第三，就是和法官有关的职员。司法场所是个神圣的地方，所以，不仅是审判席，就连站的地方和外围区域都应该没有丑闻和堕落。的确，（正如《圣经》所说）“从荆棘中是采不到葡萄的”，在和捕获利益的职员一样的野蔷薇丛和黑莓灌木中，公正也结不出甜美的果实来。出庭人员容易成为四种坏人：首先是煽动诉讼的人，这会让法院富、国家穷；其次是让法庭卷入司法权之争的人，他们不是法庭的朋友，而是法庭的寄生虫，他们吹捧法庭，让它自大，超出自身限度，目的是获取自己的蝇头小利；第三种人就是可以算作“法庭左手”的人，他们满脑子都是狡猾、邪恶的诡计和变通，以此来阻碍简单明了、直截了当的法庭审理程序，并把公正引到斜路上和迷宫中；第四种人是索要费用的人，这也证明了普通人把法庭的公正比作灌木丛是有道理的，因为羊为了躲避不好的天气而飞奔进灌木丛中时，是一定会掉些羊毛的。另一方面，在法庭工作了多年的办事员熟悉条例、做事谨慎，而且通晓法庭事务，是法庭的出色助手，常常能为法官指明方向。

与法官有关的第四类人就是与王权和政体有关的人。法官首先要记住罗马《十二铜表法》的结论：民众的福祉才是至高无上的法律。还要明白一点，就是如果不是为了达到这个目的，那么任何法律不过就是吹毛求疵和不能给人启迪的神谕或权威。因此，如果国君和执掌国务的人能经常和法官议事，法官也能经常和国君及执掌国务的人商议，那就是这个国家的幸事了。前者是在法律事务干预国务时，后者则是在对国务的考量妨碍法律事务时。很多时候，诉诸仲裁的可能是关于“你的还是我的”的一些事，可其中的原因和结果却能牵扯到国事。我所谓的国事，不仅包括与主权有关的事，而且包括任何会引发大变革或带来大风险的前所未有的事，或者是显然与很大一部分民众有关的事。

还有就是，不能让任何人隐约感到公正的法律和现实的政策之间有些不相容，因为它们就像是精神和体力，一方随另一方而动。法官们还要记住，所罗门的王位是由两边的狮子支撑的。所以，法官要做狮子，但却是王位下的狮子，因而要小心谨慎，不要阻止或反对任何有关王权的事，也不要对自己的权利太过无知，以为自己没有这种权利，要知道明智地运用法律是自己的主要职责。他们也许记得使徒保罗说过的比他们的法律更高的一个律条："我们知道法律是好的，只要一个人用得合理。"

## 五十七
# 论发怒

试图完全消灭怒气是斯多葛派才有的一种勇敢。我们有更好的神谕，那就是“可以发怒，但不要犯罪，不要让太阳在你的怒气中落下”。必须在程度和时间两方面限制发怒。我们会先说说怎么缓和和稳住“爱发怒”的天性与习惯；其次再说说如何忍住发怒时的特殊举动，至少也要为了不产生伤害而克制；最后说说如何让别人发怒或息怒。

关于第一点，没别的办法，只有去苦思冥想发怒的后果，看看它会给人的生活带来多大的麻烦。进行这种沉思的最好时间是在完全发泄完怒气之后。塞内加说得好：“怒气就像废墟，倒塌之后还会破碎。”《圣经》规劝我们说：“用耐心攥住我们的灵魂。”无论是谁，如果没了耐心，也就不再拥有灵魂了。人绝不能变成蜜蜂，“……把自己的生命留在被自己蛰的伤口上”。

爱发怒的确是一种低贱的品质，因为它会很合时宜地出现在被它统治的臣民的软弱面前。儿童、妇女、老人和病人就是这样的臣民。一个人一定要注意，宁可让怒气带着鄙视，也不要带着惧怕，因为这么一来，你可能会觉得自己是在伤害之上，而不是之下。这事儿容易做，只要愿意给自己定条规矩就行。

关于第二点，发怒的原因与动机主要有三个，首先是对伤害太敏感，因为如果感觉不到伤害，人就不会生气。因此，温柔、纤弱的人一定是经常生气的，他们的烦心事太多了，这些事对较为强健的人来说并没多少感觉。其次是在当时的情形下，认为所受的伤害中充满了蔑视，因为蔑视会让怒气更锋利，它比伤害本身厉害得多。因此，如果一个人总能机敏地挑出蔑视的情形，那他一定更容易生气。最后一点是，伤害了一个人的名誉的看法肯定会加重怒气。为了纠正这一点，一个人应该像贡萨洛[①]说的那样，有一张“粗糙的荣誉网”。然而，在所有的制怒之法中，最好的方法是争取时间，还要让自己相信报复的时机还没到。可还要预计一个时间，这样就能让自己静静地等候它的到来。

尽管很生气，但却不想招致祸害，那就要特别留意两件事，一是极为愤恨的言辞，特别是一针见血、一语中的的话，而用在任何人身上都行的坏话就没什么大不了的。还有就是，

① 西班牙著名将军。——译者注

发火时不要泄露秘密，这会让这个人不合群。另一件要特别留意的事就是，不要在怒气中不容分说地结束任何一件事，无论你有多么激烈的表现，都不要做出任何无法挽回的事。

说到如何让别人发怒和息怒，那要看如何选择时机，要在那人最控制不了自己、最想发怒时激怒他。再有就是，用你能搜集到的（以前曾接触过的）所有东西来加重对他的蔑视。有两种息怒方法正好相反，一是在初次提及让一个人生气的事时要找个好时机，因为第一印象很重要；二是尽可能把一个人对伤害的看法与他对蔑视的看法分开，要把它归咎于误解、害怕、激情或任何你想到的事。

# 五十八
## 论变迁兴衰

所罗门说“世间无新事”，于是柏拉图想象到“一切知识不过是回忆而已”，然后所罗门做出了自己的判断：“所有的新鲜事不过是被遗忘了的事而已。”由此你会发现，利司河[①]在地上和地下都会流。一位玄妙的占星家说过：“如果没有这两件事（一件是恒星永远都会彼此间保持一定距离，从不走近聚拢，也从不走远分离；另一件是它们永远都是按一定时间每天转动），那么没有一样东西能留存片刻。”的确，事物总处在永无休止的变动中，从不停歇。

可以埋葬任何东西，使之长眠于地下的巨型裹尸布有两种，洪水和地震。至于大火和大旱，它们并不能消灭人类、毁掉一切。法厄同[②]驾着太阳车也就跑了一天。以利亚[③]时代的三年大旱也是特殊情况，人们也活了下来。说到闪电引起的大火，它们往往出现在西印度，范围也很窄。对洪水和

---

① 希腊神话中的河流，又称遗忘之河。——译者注

② 希腊神话中的太阳神之子。——译者注

③ 犹太先知。——译者注

地震引起的灾难还要进一步说明的是，有幸得救而活下来的人一般都是无知的山民，他们不能描述过去的事，因而一切都被忘掉了，就好像什么都没留下。如果你觉得西印度人不错，那很可能是因为他们比旧世界中的人更新或更年轻。还有，那里曾经有过的毁灭很可能不是由地震引起的（埃及僧侣曾对梭伦谈起有关亚特兰蒂斯岛的事，说“它是被地震吞没的”），而是在一场洪水中淹没的。那个地方很少有地震，而另一方面，那儿却有奔流的大河，亚非欧的河流和它们比起来不过是小溪而已。再有，他们的安第斯山也比我们的山高很多。由此可见，在那场洪水中，有些人可能幸存了下来。至于马基雅维利的看法，认为宗教派别间的嫉恨很有助于抹去记忆，并诋毁格列高利一世①，说他尽其所能地毁掉所有的异教文物，我还没发现这些狂热有什么巨大作用或能持续很长时间，因为萨比尼安继位后，就又恢复以前的文物了。

天界的兴衰突变不适合在这里讨论。如果这个世界能够长久存在，那柏拉图的“大年”就会产生影响。这种影响不是让像个体这样的事物重生，（因为认为天体在影响其下的事物时可以比它们实际能做到的更精准是一种妄想，）而是让总体重生。毫无疑问，彗星对总体和大量个体事物也有同样的

① 罗马教皇。——译者注

力量和影响，可是对它们的运动轨迹的注视有很多，对其影响的明智的观察却很少。对其各种不同的影响的观察尤其少，就是说，对于是什么样的彗星、大小和颜色如何、是怎么发光的、在天空中的什么位置、持续多久、会产生什么样的影响，这些方面的观察尤其少。

我听过一种无关紧要的说法，我不想置之不理，想稍微关注一下。据说在荷兰（我不知道是哪个地方），每隔三十五年，同样的和同一套的年景和气候会重来一次，如严寒、大涝、大旱、暖冬和只有一点儿热的夏天等情况。这被称作“复始”。我很愿意说说这事儿，因为往后推算后，我发现了一些一致的地方。

不说这些自然方面的事了，来说说人的事。人的事中最大的变迁兴衰是宗教派别的变迁兴衰，因为天体般的宗教最能支配人心。真正的宗教“建在磐石上”，其余的宗教会在时间的波浪上飘来荡去。所以就要说说新教派兴起的原因，并且给出一些有关的建议，看看人类在判断力上的不足可以在多大程度上阻止如此重大的变革。

当以往被接受的宗教因不和谐因素而分裂；当宗教宣称者的神圣腐烂了，且满是丑闻，而且那又是个愚蠢、无知和野蛮的时代，你就会想了，是否会突然出现一种新教派。如果出现了可以让一个人成为发起人的过分和古怪的精神，你也会有这种想法。穆罕默德宣布他的律法时就是这样。如果一个新教派没有下面两个特性，那就不必害怕，因为它不会传播开来。一个特性是，可以取代或反抗已有权威，因为没有比这更受欢迎的事了；另一个特性是，允许人们过放纵和骄奢淫逸的生活，因为尽管推理性的异端邪说（例如古时的阿里乌斯派和现在的阿米尼乌斯派）① 对人的心智会产生很大影响，但却不会让国家有任何重大改变，除非借助民事方面的机会。

新教派的建立有三种方式：借助征兆和奇迹的力量；借助演说和说服时的雄辩和智慧；或者借助武力。说到殉道行为，我认为属于奇迹类，因为好像超出了人本身的力量。我还愿意把最好的令人钦佩的圣洁生活也归入奇迹类。要想阻止新教派的兴起，的确没有比下面这些更好的办法了：改良弊端；调和较小的分歧；温和对待，而不是残酷迫害；用能够促进他们的方式收服主要人物，而不是用暴力和激烈的方式激怒他们。

战争方面的变迁有很多，但主要还在三件事上：战争地

① 阿里乌斯派由基督教牧师阿里乌斯（公元 250–336）提出，是欧洲宗教改革时期的一个“异端”教派。——译者注

或“舞台”、兵器以及作战方式。古时的战争好像大多是由东向西进行的，因为波斯人、亚述人、阿拉伯人，还有鞑靼人（他们都是侵略者）都是东方人。当然了，高卢人是西方人，可我们读到过他们也就入侵过两次，一次到希腊，一次到罗马。天上并没有标明哪儿是东方、哪儿是西方，也没有很多关于战争是从东向西还是从西向东的确切观点。但是北方和南方是确定的，并且在很南边的人很少或从没有侵略过北方，相反的事倒不少。由此可见，世界的北部天生就是更好战的区域，从星座的角度看，就是北半球或北方的大陆。而南部，就目前所知，几乎都是海洋。或者说，（很显然）北部的寒冷可以让人用不着训练，就能拥有强健的身体、旺盛的气血。

在大国或帝国濒危或分裂时，你就可以肯定要打仗了。这是因为，庞大的帝国在兴盛时期，一定会削弱或摧毁被其征服的民族的力量，而只依靠它们自己的防卫力量。等到它们衰亡的时候，一切尽毁，它们也就成了猎物。罗马帝国衰落时就是这样，查理大帝之后的日耳曼帝国也是这样，每只鸟都会拿片羽毛，西班牙衰落时也不会不是这样。

王国的加入和联合同样会挑起战争，因为，如果一个国家发展成了一个庞然大物，就会像洪水一样，是一定会泛滥的。从罗马、土耳其、西班牙以及其他国家的发展中已经看到了这种情形。世界上残暴、粗野之人最少，且一旦他们掌握了谋生手段，通常就不会结婚或生育（如今几乎每个地方都是这样，鞑靼国除外），没有人口泛滥的危险。可如果有大批的人不停地生育，却并不知道如何维持生活，那么每隔一两代就得把自己民族中的一部分人遣散给别的民族。古时的北方民族会借助抽签的方法来这么做，用抽签来决定哪部分人该留在本地、哪部分人该出外谋生。如果一个原本好战的国家变得弱不禁风了，那他们必定会面临一场战争，因为通常来说，这样的国家在其衰退的时候都是很富有的，而他们的富有会诱惑捕食者，他们的衰退更能促发战争。

说到武器，这是很难总结、归纳的。可即使是武器，也是有时代变迁的。印度的奥克斯拉斯城确实早就有火炮了，马其顿人叫它雷电和魔法。而众所周知的是，中国人已经用了二千多年的火炮。有关武器的情况以及他们的改进是这样的，首先，射程要远，这样就能超出危险范围，火炮和火枪就是这样；其次，攻击力要强，在这方面火炮同样胜过所有攻击性武器和古代发明的武器；第三，用起来要方便，在任何天气条件下都能用、搬运轻便，等等。

说到指挥作战，起初人们会完全依靠兵力，认为打仗靠的就是兵力与勇猛。他们约定交战时间和地点，并会公平交战，也不懂排兵布阵。后来发展成会依靠精兵的数量，而不是大批兵力，也会利用有利地形使巧计转移敌方注意力等等，也更会排兵布阵。

国家年轻的时候，军事很繁盛；到了壮年，学术很发达；在之后的一个时期里，军事和学术都很强盛；而在衰落期，旺盛的会是工艺和商业。学术也有婴幼儿期，就是它刚开始的时候，很稚嫩；然后就是它的少年时代，旺盛、绚烂、羽翼未丰；接着就进入了它的壮年期，稳固、坚实但开始衰退；最后是它的老年时代，干枯且精疲力竭。但是，长时间地盯着这些转动的变迁之轮是不好的，那样我们会头晕的。至于有关它们的文字记载，那不过是一套反复讲的故事而已，因此也就不适合在这儿讲了。